스테이블 디퓨전
마스터북

차례

머리말 • 6

1장. 스테이블 디퓨전 설치 & 실행 • 11

설치 유형 • 11

Stable Diffusion web UI란? • 12

환경 구축하기 • 13
운영 체제 | 메모리와 그래픽 카드 | 파이썬 설치하기 | 깃 설치하기

Stable Diffusion web UI 설치하기 • 20

이미지 생성 모델 추가하기 • 27
Stable Diffusion v1-5 Model Card 다운로드 | 2.1버전 모델 다운로드

Stable Diffusion web UI를 원격으로 사용하기 • 32
방화벽 설정하기

이지 디퓨전(Easy Diffusion) • 39

2장. 기본 이미지 생성 • 45

txt2img 방식 • 46
프롬프트 입력 | Batch count와 Batch size | 이미지 저장과 설정 | 샘플링 방식과 단계 수 | CFG 수준 | X/Y/Z plot으로 여러 옵션을 동시에 적용하기

img2img 방식 • 66
크기 조정 방식 설정 | 노이즈 제거 강도 설정

3장. 프롬프트의 이해 • 75

프롬프트의 구성 • 76
중심 피사체 | 작화 기법 | 스타일 | 상세 묘사 | 색상 | 조명 | 해상도 | 예술가, 작가 실명 | 이미지 전문 웹사이트

특정 표현에 가중치 사용하기 • 89

키워드 합성 • 91

부정 프롬프트 • 94

자주 쓰는 프롬프트 재사용 • 99

4장. 생성 모델의 이해 • 103

5장. 확장 프로그램 설치와 응용 • 107

확장 프로그램 검색 및 설치 방법 • 107

Aspect Ratio selector • 109

Infinity Grid Generator • 112

Image Browser • 118

Tag Autocomplete • 121

확장 프로그램 관리 • 122

6장. 아웃페인팅과 업스케일링 • 125

아웃페인팅 • 125
업스케일링 • 131

7장. 인페인팅 • 135

인물 없애기 • 136
인물 교체하기 • 141
인물의 얼굴은 그대로 두고 복장만 바꾸기 • 143

8장. 컨트롤넷 • 147

컨트롤넷 확장 설치하기 • 148
컨트롤넷 적용 개수 설정하기
어려운 포즈의 인물 만들기 • 153
주요 Control Type과 Preprocessor • 160

9장. 간단한 스케치로 명화 만들기 • 163

10장. 챗GPT를 활용한 프롬프트 작성 • 169

챗GPT 학습 시키기 • 170

11장. 파워포인트 스톡 이미지의 사람과 캐릭터 활용 • 181

사람 컷아웃 인물을 한국인으로 변환하기 • 183
배경 제거하기 • 187
만화 캐릭터를 실사 이미지로 변환하기 • 188
인물 이미지와 배경 합성하기 • 192

12장. 로라 사용법 • 199

한복 입은 인물 이미지 생성하기 • 200

13장. SDXL 사용법 • 209

준비 사항 • 210
시스템 필요 사양 | 프로그램 업데이트
생성 모델 확보하기 • 211
SDXL-base-1.0 파일 받기 | SDXL-refiner-1.0 파일 받기
사전 설정 및 주의 사항 • 214
실행 파일 옵션 설정 | 생성 이미지 크기와 개수 설정
이미지 생성 • 216

맺음말을 대신하여: 생성형 인공지능 모델의 한계와 주의점 • 220

부록: 참고 자료 • 223

머리말

그림이나 사진 이미지를 만들 때, 어느 정도의 관련 지식이나 기술은 확보해 두어야 한다. 예를 들어 사진을 찍는다고 하면 카메라를 들고 원하는 장면을 촬영하면 되는 간단한 일이라고 생각할 수도 있겠지만, 이 역시 어느 정도의 기술이나 노력이 필요하다. 게다가 원하는 피사체를 원하는 순간에 얻을 수는 없으므로 결코 만만한 일이 아니다. 그림을 하나 그린다고 해도 붓이나 펜을 들고 종이 위에 직접 구현하든, 스타일러스나 마우스를 잡고 컴퓨터로 디지털 결과물을 만들어내든 정말 고도의 능력이 필요하다.

그래서 중요한 용도로 쓸 이미지가 필요한 사용자들은 다양한 경로를 통해 원하는 이미지를 얻기 위한 별도의 수고를 들여야 한다. 시간이든 돈이든 이런 수고를 통해 어디선가 이미지를 가져와야 하고, 쉽게 생각해서 웹 검색 등을 통해 무단으로 사용했다가는 본의 아니게 엄청난 대가를 치를 수도 있다.

파워포인트 같은 생산성 도구에 내장된 이미지들은 구하기도 쉽고, 쓰기도 쉽지만, 쓸 수 있는 개수에 한계가 있고, 식상하기도 하고, 누구나 많이 사용하는 이미지일 경우 독창성이나 차별성 면에서 아쉬운 점이 있다.

이런 문제나 한계를 극복하는 방법 중 하나는 컴퓨터에게 원하는 그림을 스스로 만들도록 하는 것이다. 사진 편집 프로그램이나 그래픽 디자인 툴을 사용해 선과 도형을 다루는 것이 아니라 컴퓨터에게 글로 명령을 내리는 것이다. 몇 자의 텍스트(이런 것을 프롬프트라고 한다)를 주고 나에게 필요한 그림을 컴퓨터가 알아서 그리게끔 한다면 얼마나 효율적인가.

필요한 그림을 컴퓨터에게 말하고 얻은 다음 그림들을 보자.

"바닷속을 누비고 있는 상어 그림을 반 고흐 스타일로 그려줘."

"한국의 고속도로 풍경을 수채화풍으로 만들어줘."

"등산 모임 공지문의 배경을 추상적인 이미지로 만들어줘."

"당근을 먹고 있는 토끼를 그려줘."

"화성에 착륙한 탐사선 사진이 필요해."

사과 한 개를 그리거나 강아지 한 마리를 그리는 것도 직접 사진을 찍는 것이 아닌 이상 다소간의 설명과 상세한 묘사가 필요한 일이다. 그런데 어떤 풍경이나 정황을 일일이 설명하면서 구체적으로 묘사하는 것이 아니라 큰 틀에서 방향만 알려주면 컴퓨터가 알아서 이미지를 만들어준다.

이러한 기술을 T2I 모델Text-to-Image Model이라고 한다. 크게는 인공지능의 한 분야인 기계 학습ML, Machine Learning 모델에 포함되는 것으로, 말 그대로 텍스트를 이미지로 만드는 기술이다. 이때 텍스트는 사전에 규격화하고 약속된 일련의 명령어가 아니라 사람이 말하듯이 자연스럽게 표현하는 자연어를 말한다. 사용자가 입력한 텍스트를 바탕으로 컴퓨터가 상상을 더해 장면을 생성해내는 기술은 생성형 인공지능Generative AI의 한 형태이다.

개념 자체도 단순하고, 과정도 간편하게 들리는 이러한 기술의 구현은 근래에 들어 대중적으로 확산되어 관심을 끌고 있다. 예를 들어, 챗GPT로 유명한 오픈AIOpenAI의 달리2DALL-E2나 구글 브레인Google Brain의 이마젠Imagen, 미드저니Midjourney 등이 이런 분야의 서비스이고, 이 책에서 다룰 스태빌리티AIStabilityAI의 스테이블 디퓨전Stable Diffusion도 그중 하나이다.

다른 모델들과 달리 스테이블 디퓨전은 사전에 학습된 모델과 소스 코드를 누구나 사용할 수 있다. 공식적으로는 Creative ML OpenRAIL-M 라이선스를 적용하는 것으로, 범죄나 명예훼손, 반사회적 용도 등의 사용을 금지하면서, 사용자는 생성한 출력 이미지에 대한 권리를 가질 수 있고 상업적으로도 사용할 수 있다. 그래서 스테이블 디퓨전의 소스를 누구나 자신의 시스템에 적재해 사용할 수 있어 2022년 공개된 이후 대중적인 인기를 끌고 있다. 이 책에서는 스테이블 디퓨전 모델을 바탕으로 공개된 설치형 웹 인터페이스인 Stable Diffusion web UI를 사용하는 법을 소개하고자 한다. 특별히 업무에 적용할 수 있는 실무 예제를 통해 사용자들이 필요한 이미지를 생성해 활용할 수 있도록 구성했다. 본문에 나오는 프롬프트와 링크는 출판사 홈페이지('ebizbooks.co.kr 〉 독자공간' 〉 자료실)에 정리해두었다. 이 책이 다양한 이미지들을 독창적으로, 손쉽게 구현하는 데 도움이 되기를 바라는 마음이다.

1장
스테이블 디퓨전 설치 & 실행

스테이블 디퓨전은 인공지능을 이용해 이미지를 생성하는 방법을 정리해놓은 기술로, 사용하는 방법은 사용자마다 매우 다양하다. 중고등학교에서 국어, 수학은 이런 체계와 구성으로 가르쳐야 한다는 기본적인 틀이 정해져 있지만, 이를 가르치는 방식은 다양하게 존재할 수 있는 것과 같은 이치이다.

설치 유형

다양한 사용법이 있지만 크게는 서비스형과 설치형으로 나눌 수 있다. 서비스형은 말 그대로 특정 서비스 제공자의 온라인 서비스를 웹 접속을 통해 사용하는 것이다. 무료로 제공하는 경우도 많지만, 보통은 얼마간의 무료 체험 후 유료로 전환하는 방식을 채택하고 있다. 이런 서비스는 사용이 비교적 간단하고, 결과물의 질도 괜찮은 편이기는 하지만, 사용자가 조정할 수 있는 설정 종류에 제약이 있고, 무료 서비스인 경우 상업적 활용에 제한이 있을 수 있다. 개성이 넘치는 콘텐츠를 만드는 것보다 시간 내에 콘텐츠를 만드는 것이 더 중요하고, 간단하게 이미지를 하고 싶다면 서비스형이 최적이다.

설치형의 경우는 자신의 시스템에 직접 설치하는 방식과 온라인의 개발 플랫폼에 자신만의 용도로 설치해 사용하는 방식으로 나눌 수 있다. 자신의 시스템에 설치할 때에는 설치 요구 사항을 파악해 구동에 적합한 하드웨어나 운영 체제를 미리 준비해야 한다. 이런 준비가 미흡한 경우에는 설치를 할 수 없거나, 설치를 하더라도 원활한 사용을 보장할 수 없기도 하다.

온라인 플랫폼에 설치하는 것은 클라우드 서비스의 한 유형인 파스PaaS를 이용한다고 볼 수 있다. 예를 들어 구글이 제공하는 파이썬 개발 환경인 구글 코랩Google Colab에 자신의 계정을 두고 해당 프로그램을 설치해 사용하는 것이다.

코랩은 기본적으로는 무료로 사용할 수 있었지만 스테이블 디퓨전을 사용하는 사람이 많아 컴퓨팅 자원을 많이 사용하게 되자 2023년 7월 무료 이용자의 스테이블 디퓨전 사용을 막았다. 따라서 현재는 사용 권한을 구입해야 한다. 이론적으로 고성능 컴퓨팅 자원을 사용해 원하는 작업을 원활하게 수행할 수 있으며, 사용자는 웹 브라우저만 쓸 수 있다면 어떤 시스템에서도 접속해 사용할 수 있다는 장점이 있다. 그래도 일반인을 대상으로 하는 가입형 서비스이기 때문에 설정 사항에 제한이 있고, 성능 자체가 고사양 CPU나 GPU를 갖춘 개인용 컴퓨터보다 낮을 수 있어서 이런 업무를 자주, 많이 하는 사용자에게는 적합하지 않을 수 있다.

여기서는 먼저 일반적으로 사용되고 있는 설치형 서비스를 몇 가지 알아보도록 하겠다.

Stable Diffusion web UI란?

현재 스테이블 디퓨전은 웹 브라우저를 이용한 web UI 방식으로 개발되어 국내외에서 많은 인기를 끌고 있다. 말 그대로 웹을 사용자 인터페이스UI로 사용하는 것으로, 별도의 애플리케이션을 설치하지 않고 웹 브라우저를 도구로 쓰는 것이다. 웹 브라우저는 구글 크롬이나 마이크로소프트 엣지, 네이버 웨일 등 편한 것을 선택하면 된다. 스마트폰이나 태블릿 PC의 웹 브라우저에서도 같은 방식으로 연결하여 사용할 수 있다.

또한 웹을 사용자 인터페이스로 적용하는 방식에도 여러 가지가 있다. 유수의 개발자나 개발 그룹이 인터페이스를 작성하여 배포하고 있다. 현재 나와 있는 거의 모든 솔루션이 무료로 제공되고 있어서 자신의 사용 행태나 환경에 맞는 것을 자유롭게 선택하면 된다.

이 중 이 책에서는 'AUTOMATIC1111'이라는 이름으로 알려진 개발자의 'Stable Diffusion web UI'라는 인터페이스를 기본으로 사용하여 설명하고자 한다. 참고로 다른 솔루션도 소개를 하겠지만, 이 프로그램이 거의 독보적으로 사용되고 있다. 아무런 전제 없이 스테이블 디퓨전으로 이미지를 만들었다고 얘기한다면 100이면 99는 이를 이용했다고 볼 만큼 가장 대중적인 프로그램이다.

Stable Diffusion web UI는 파이썬python이라는 개발 언어로 작성되었고, 깃허브GitHub라는 소프트웨어 개발 프로젝트를 위한 웹 기반 호스팅 서비스를 통해 배포되고 있다. 이런 이유로 PC에 이 도구를 설치할 때는 먼저 파이썬 코드를 구동할 수 있는 환경과 깃허브에 올라와 있는 프로그램 파일을 PC로 가져와 사용할 수 있는 환경을 구축해야 한다.

환경 구축하기

운영 체제

윈도우나 리눅스 운영 체제를 사용한다면 크게 문제없이 설치를 할 수 있으나, 애플의 맥을 사용한다면 확실하게 설치 및 작동된다는 보장을 하기 어렵다. 원활한 사용을 위해 윈도우 환경에서 사용하기를 권장하며, 맥 사용자인 경우 별도로 마련된 개발자의 웹 페이지(https://github.com/AUTOMATIC1111/stable-diffusion-webui/wiki/Installation-on-Apple-Silicon)를 참고하자.

메모리와 그래픽 카드

또한 스테이블 디퓨전을 문제없이 사용하기 위해서는 다음과 같은 요구 사항을 충족하는 메모리와 그래픽 카드가 마련되어 있어야 한다. 그래픽 카드는 제조사에 따라 크게 NVIDIA와 AMD의 제품이 있는데, 생성형 이미지 작성에는 NVIDIA 제품이 추천되고 있다. 애플 컴퓨터의 경우 2020년 이후에 나온 모델부터 적용된 M1 칩 이상이 권고된다.

- 최소 4GB 이상의 비디오 메모리 VRAM
- NVIDIA 그래픽 카드에는 GTX로 시작하는 것과 RTX로 시작하는 모델이 있는데, RTX로 시작하는 모델을 선택한다. 그리고 RTX 뒤에 나오는 숫자가 높을수록 성능이 빠르다. 예를 들어 RTX 2080보다 RTX 3060이, RTX 3060보다 RTX 4080이 더 빠른 성능을 보인다. 그렇지만 모델 번호가 높을수록 가격도 높아지므로, 필요에 맞게 적당한 것을 선택한다.
- 최소 12GB 이상의 시스템 메모리 RAM
- 최소 30GB 이상의 저장 공간 HDD나 SDD

위의 요구 사항 중에서 무엇보다 그래픽 카드가 중요하다. 그래픽 카드가 작업 성능의 대부분을 결정한다.

파이썬 설치하기

파이썬은 프로그램 개발 도구의 일종으로 파이썬 환경을 구축하는 것이 바로 스테이블 디퓨전의 사용을 위한 환경 구축이기도 하다. 설치 파일은 파이썬 홈페이지(https://www.python.org)에서 내려받을 수 있다. 현재는 3.11번대 버전이 최신이지만 Stable Diffusion을 사용하기 위해서는 반드시 3.10번대 버전을 설치해야 한다. 그중에서도 이 책에서 살펴볼 Stable Diffusion web UI 개발자는 3.10.6을 요구하고 있다.

먼저 파이썬 3.10.6 다운로드 페이지(https://www.python.org/downloads/release/python-3106/)로 들어간다.

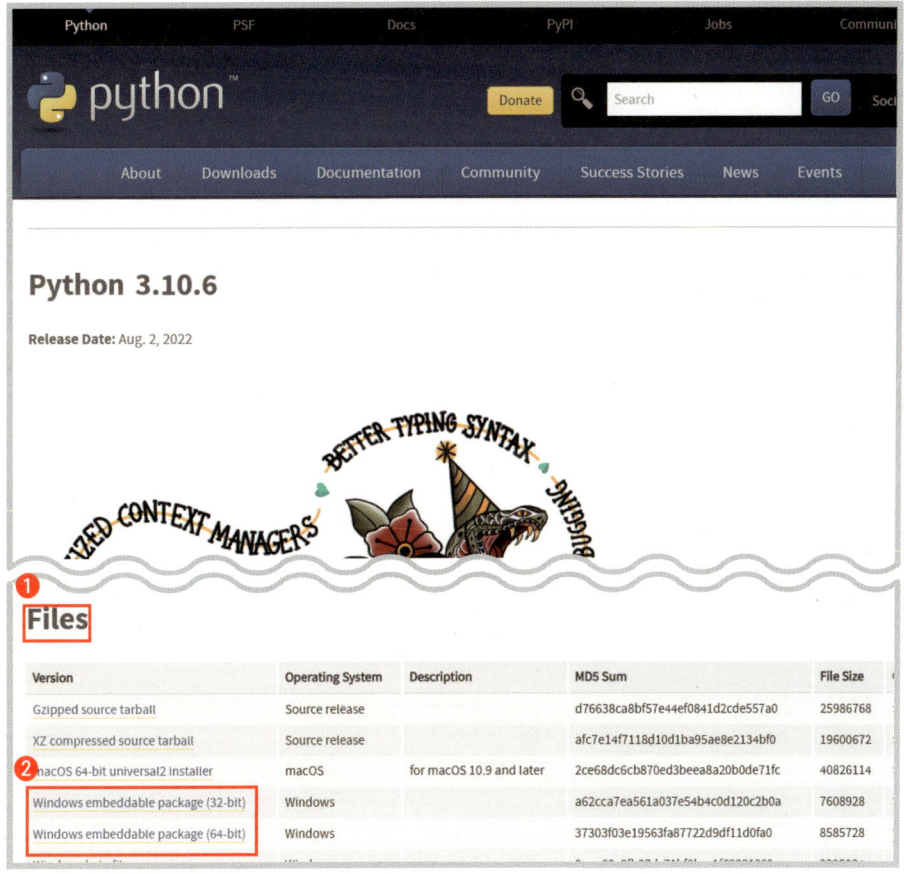

첫 화면에서 스크롤을 내리면 ❶ 'Files' 항목에 내려받을 수 있는 파일들을 볼 수 있다. 이 중에서 필요한 설치 파일을 선택하면 된다. ❷사용 중인 운영 체제에 맞게 32비트용(32-bit)과 64비트용(64-bit) 중 하나를 선택해 내려받는다. 일반적으로 64비트가 쓰인다. 다운로드가 완료되면 설치 파일 python-3.10.6-amd64.exe을 실행해 설치를 시작한다.

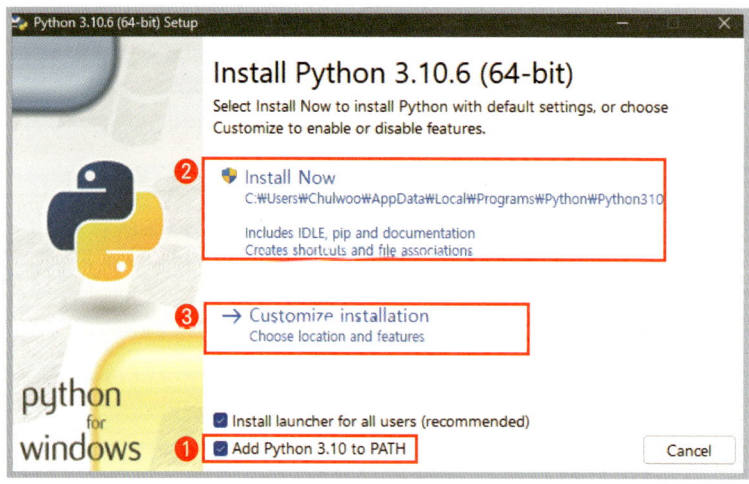

설치 시작 후 가장 먼저 나타나는 위의 창에서 가장 하단의 ❶ 'Add Python 3.10 to PATH' 항목에 체크한다. 이 항목을 선택하면 파이썬으로 작성한 코드는 PC의 어떤 폴더에서도 실행할 수 있다. 체크하지 않아도 나중에 원하는 프로그램을 쓰지 못하는 것은 아니지만, 프로그램 자체에서 복잡한 설정을 해야 하고, 다른 문제가 발생할 가능성이 있으니 선택하도록 한다.

　❷[Install Now]를 클릭하면 이후 설치 과정이 진행되기는 하지만, 기본 설정이 자동으로 적용된다. 자신에 맞게 몇 가지 설정 사항을 손봐야 한다면 ❸[Customize installation]을 클릭한다.

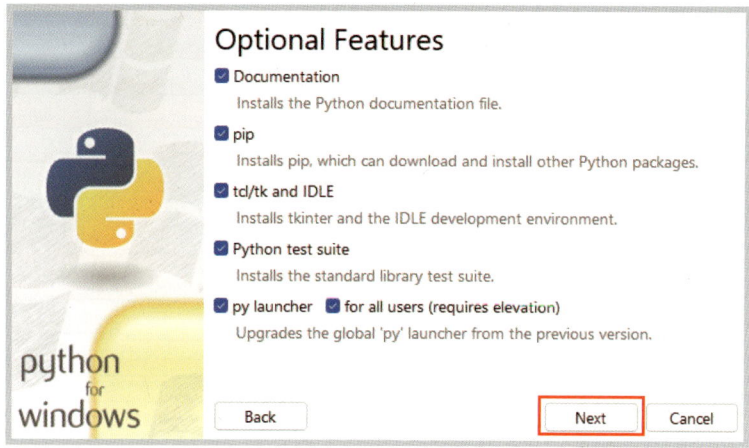

추가 옵션 Optional Features 을 확인하는 단계가 나온다. 위 그림과 같이 모든 항목이 체크되었는지 확인하고 [Next]를 누른다.

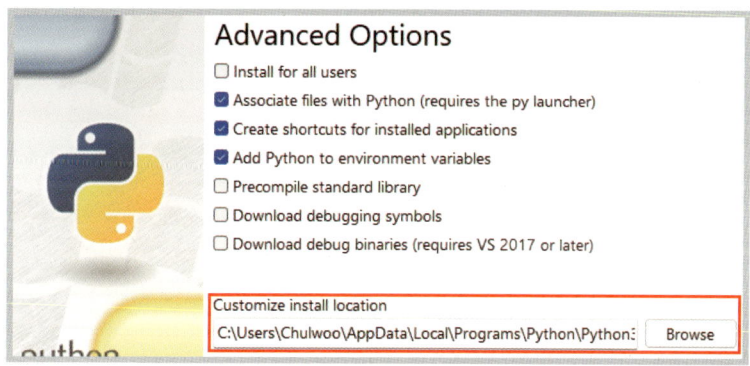

고급 옵션 Advanced Options 에서는 다른 것들은 그대로 두되, 하단의 'Customize install location'을 수정하는 것이 좋다. 설치 프로그램이 기본으로 선택하는 저장 위치는 경로가 꽤 길다. 폴더 안의 파일명들도 있어 전체 대상물의 이름이 길어지면 오류가 날 수도 있고, 관리가 힘들어진다. 그래서 경로를 짧게 만들고, 파이썬 환경 관리를 효율적으로 하기 위해 폴더를 하나 만들어 저장 위치를 지정하는 것이다.

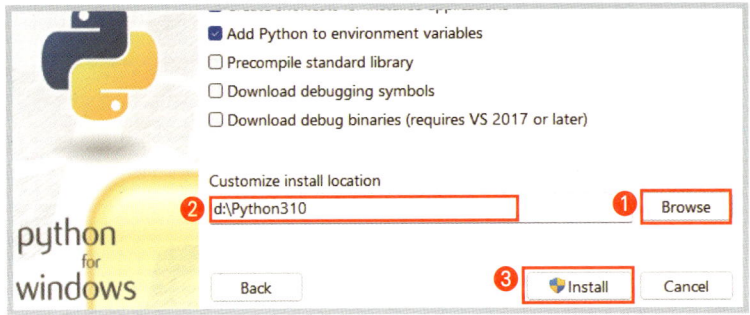

D 드라이브에 'Python310'이라는 이름으로 폴더를 만들어보았다. ❶[Browse]를 눌러 경로를 지정해도 되고, ❷에 직접 입력해도 된다. 각자 편한 곳에 설치할 위치를 지정했다면 ❸[Install] 단추를 눌러 설치를 시작한다.

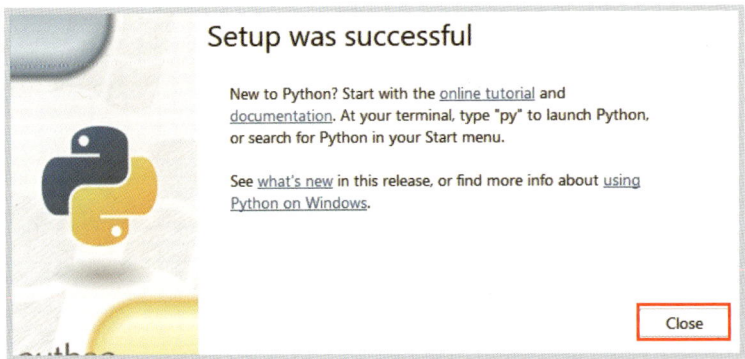

설치가 완료되고 설정 성공 메시지가 나오면 하단의 [Close]를 눌러 창을 닫는다.

참고로 문서나 이미지 같은 결과물은 상관없지만, 스테이블 디퓨전을 비롯한 개발 환경은 시스템의 성능을 제대로 사용할 수 있도록 속도가 빠른 드라이브에 설치하는 것이 좋다. 현격한 성능 차이를 가져온다고 말하기는 어렵지만, 되도록 HDD 보다 SSD에 설치하는 것을 권장한다.

C 드라이브 하나만 있다면 선택의 여지가 없으나 드라이브가 여러 개인 경우 운

영 체제는 C에, 응용 프로그램은 용량이 된다면 C, 아니면 D에 저장한다. 문서나 미디어 파일은 D에 저장하는 식으로 저장 공간을 활용하는 사례들이 있는데, 이런 것들도 HDD와 SSD가 어떤 방식으로 설치되어 있는지 보고 결정할 필요가 있다.

깃 설치하기

파이썬을 설치한 다음 깃git을 설치한다. 깃은 깃허브GitHub라는 개발 소스 관리 서비스에서 필요한 서비스를 내 PC로 가져와 사용할 수 있도록 도와주는 도구로, 깃 홈페이지(https://git-scm.com/)에서 내려받을 수 있다.

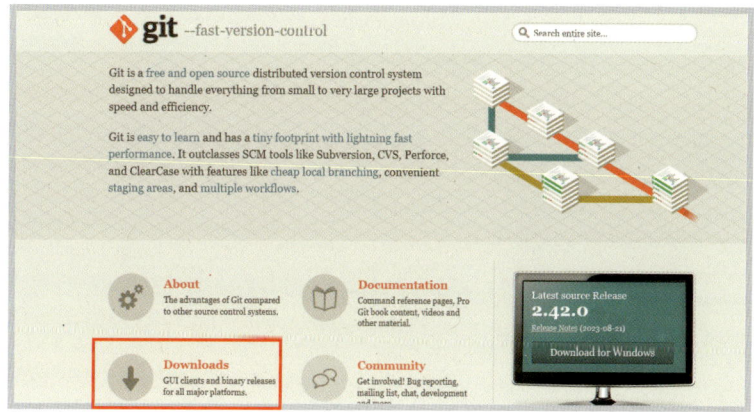

메인 화면에서 [Downloads]를 클릭하면 맥용, 윈도우, 리눅스용을 다운로드받을 수 있다. 자신의 운영 체제에 맞는 최신 버전을 내려받아 설치하면 된다. 이 책에서는 윈도우용으로 내려받아보자.

윈도우인 경우 'Standalone' 버전과 'Portable' 버전이 있다. 'Standalone'은 PC에 전용 폴더를 생성해 그 PC 전용으로 설치하는 것이고, 'Portable'은 USB 등 휴대형 저장 장치에 설치해 두고 필요한 PC에 연결해 사용할 수 있도록 하는 것이다.

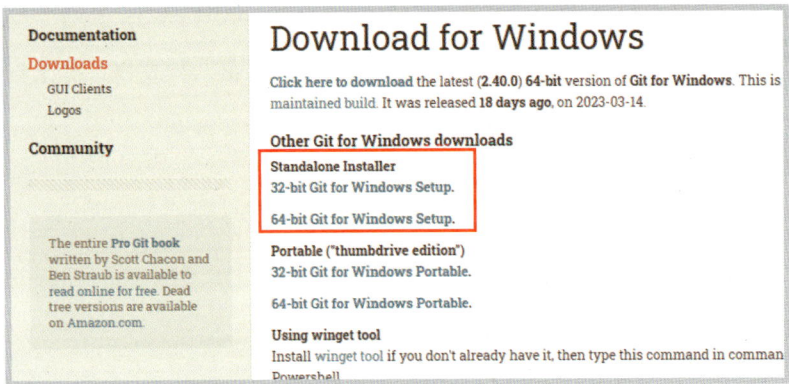

여기서는 'Standalone Installer'를 내려받아보자.

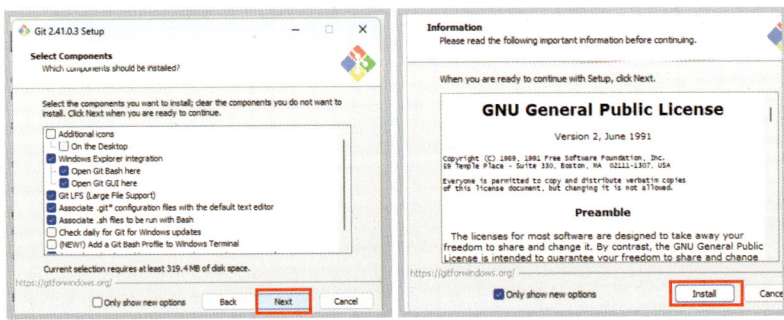

설치 과정에서 선택 사항을 묻는 창이 계속 나타나는데 모두 기본 선택 사항대로 두고 [Next] 단추를 눌러 진행하면 된다. 마지막 단계에서 오른쪽과 같은 화면이 나오면 [Install]을 눌러 설치를 시작한다.

Stable Diffusion web UI 설치하기

앞에서 빠른 드라이브에 개발 환경을 구축하는 것이 바람직하다고 말했는데, Stable Diffusion web UI도 빠르고 용량이 충분한 드라이브에 설치하는 것이 좋다. 프로그램 자체의 용량은 크지 않아 속도를 높이는 것을 우선순위로 고려하는 것이 좋지만, 나중에 용량이 큰 모델 파일(모델 파일에 관한 설명은 4장에서 다룬다)을 여러 개 사용한다면 드라이브 용량이 문제될 수 있다. 이때는 사용하던 폴더를 그대로 이동하거나 복사하면 다른 추가 작업 없이 바로 프로그램을 쓸 수 있다.

우선 빠른 드라이브(HDD보다는 SSD 권장)를 선택하고 프로그램을 설치할 폴더를 하나 만든다. 가급적 바탕 화면이나 시스템 전용 폴더에는 만들지 말고 C든 D든 선택한 드라이브의 루트 바로 아래에 전용 폴더를 만드는 것이 좋다. 지금은 C 드라이브에 Stable Diffusion web UI 설치 폴더를 만들어보자.

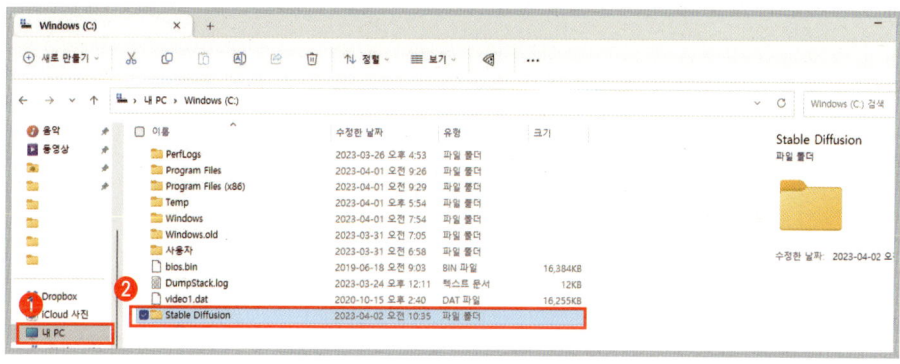

❶ 내 PC에서 Stable Diffusion web UI를 설치할 드라이브를 선택하고 새 폴더를 만든 뒤 폴더에 이름을 정해준다. ❷ 'Stable Diffusion'이라고 해보자. 설치 폴더는 윈도우의 파일 탐색기에서 직접 만들어도 되고, 설치 과정에서 사용하게 될 명령 프롬프트 창에서 만들어도 된다. 평소에 하던 방식으로 만들면 된다.

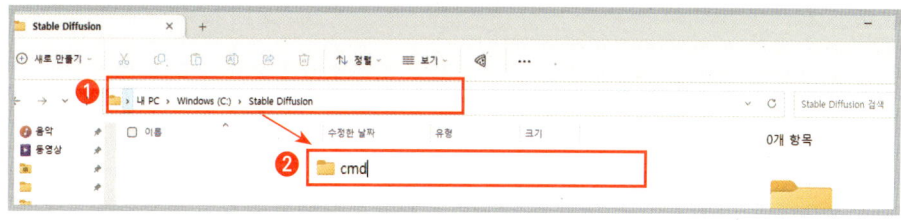

새로 만든 폴더를 클릭한 후 ❶ 상단에 파일 위치가 표시되는 창을 마우스로 클릭한다. 그러면 인터넷 브라우저의 주소창처럼 편집 상태가 되는데, 지금의 폴더 경로를 지우고 ❷ 'cmd'를 입력하고 엔터 키를 누른다. 'cmd command'는 명령창을 호출하는 명령어이다. 그러면 다음과 같은 명령창이 열린다.

Stable Diffusion web UI 프로그램 원본을 내 PC로 복사해오기 위해 명령창에서 'C:/Stable Diffusion〉' 뒤에 띄어쓰기 없이 바로 다음 내용을 입력한다.

git clone https://github.com/AUTOMATIC1111/stable-diffusion-webui

'git clone'은 'git clone' 뒤에 입력하는 웹 페이지에 있는 프로그램 원본을 모두 복사해 오라는 명령이다. 위 명령을 입력한 뒤 엔터를 눌러 명령을 실행하면 아래와 같이 프로세스가 실행된다. 용량이 크지 않아 복사 작업은 금방 끝난다.

물론 명령창을 호출하지 않고 웹 페이지로 바로 들어가서 필요한 파일들을 하나하나 내려받을 수도 있지만, 위에서 설명한 방식이 더 효율적이다.

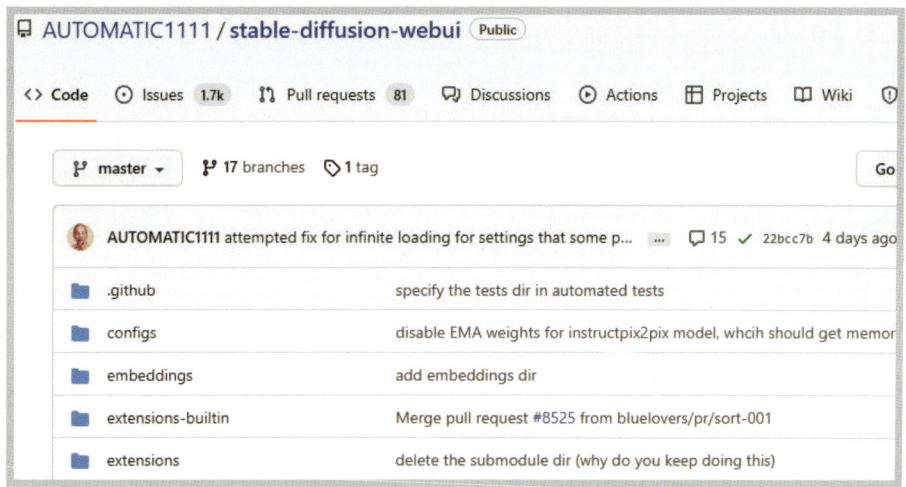

프로그램 목록은 위와 같이 웹페이지에서 확인할 수 있다.

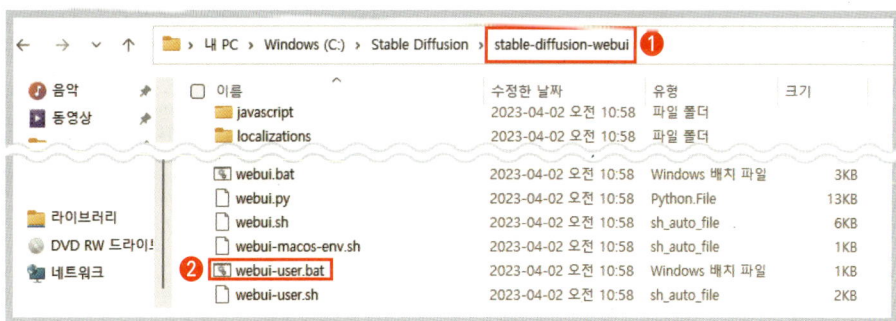

다시 돌아가서, 방금 만든 폴더를 확인해 보면 위와 같이 ❶ 'stable-diffusion-webui' 폴더가 만들어진 것을 볼 수 있다. 이 폴더에 있는 파일들은 앞에서 'git clone' 명령어로 복사해온 https://github.com/AUTOMATIC1111/stable-diffusion-

1장. 스테이블 디퓨전 설치 & 실행 23

webui의 프로그램 파일들이다. 그중 ❷ webui-user.bat 파일이 프로그램 실행 파일이다.

혹시 webui-user라는 파일은 보이는데 끝에 '.bat'이 들어간 webui-user.bat 파일이 보이지 않는다면 이는 파일 탐색기 옵션에서 설정되어 있지 않기 때문이다.

윈도우는 기본적으로 파일의 확장자를 보이지 않게 한다. 자주 쓰이는 유명한 확장자는 보이지 않아도 사용자에게 불편을 주지 않고, 이게 보이면 오히려 화면이 지저분하게 된다고 생각해서 그런지 확장자를 숨긴다. 그래서 엑셀 파일이나 파워포인트 파일 등의 이름에 확장자가 표시되지 않는다. 그렇지만 파일 작업을 많이 하는 경우에는 확장자가 나타나는 것이 더 효율적이다.

다음은 확장자가 보이는 경우(위)와 보이지 않는 경우(아래)의 예시이다.

파일 탐색기의 옵션 메뉴에서 확장자가 보이도록 변경하는 방법을 알아보자.

우선 다음과 같이 폴더 옵션 메뉴에서 ❶ [보기] 〉 ❷ [옵션] 탭으로 이동한다.

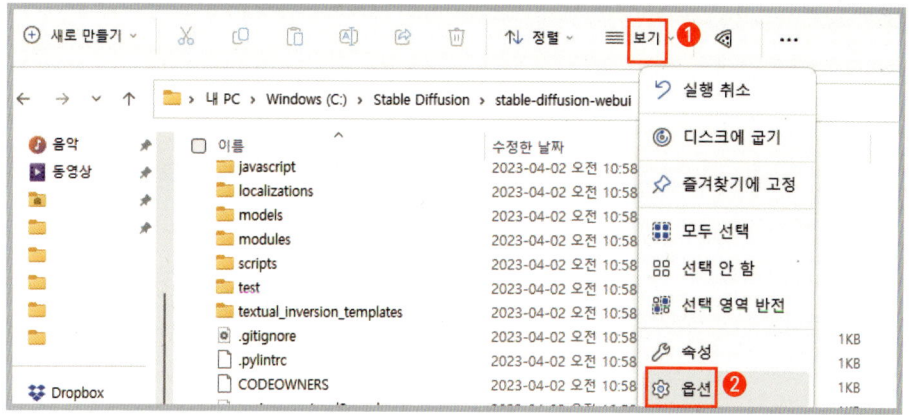

그리고 다음과 같이 옵션창이 열리면 ❶ [보기] > ❷ [옵션]을 클릭한다.

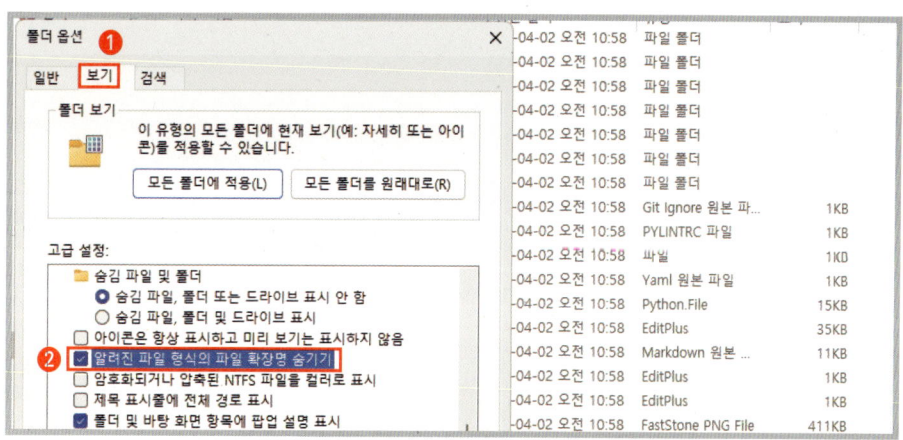

옵션창에서 ❶ [보기]를 클릭하면 나오는 '고급 설정' 항목 중에 ❷ '알려진 파일 형식의 파일 확장명 숨기기'가 체크되어 있다면 해제한다. 숨기기를 선택하지 않아야 보이기가 된다. 확장자가 보이지 않더라도 파일 유형을 확인해보면 'Windows 배치 파일'이라고 되어 있을 텐데, '.bat'가 배치batch 파일이다.

이제 webui-user.bat 파일을 더블 클릭하면 시스템의 기본 웹 브라우저가 열리면서 해당 인터페이스가 표시된다. 그런데 프로그램을 실행하기 전에 먼저 해야 할 작업이 있다. 하나는 이 프로그램을 실행할 때마다 원본이 저장된 웹 페이지에 새롭게 업데이트된 내용이 있는지 확인하고 이를 반영하는 절차를 추가하는 것이다. 필수는 아니지만, 해두면 편리하다. 다른 하나는 이미지 생성 모델을 추가하는 것인데, 중요한 내용이므로 다음 절에서 자세히 설명하도록 하겠다.

먼저 webui-user.bat 파일을 선택한 뒤 마우스 오른쪽 버튼을 클릭한다. 단축 메뉴 중에서 [편집]을 선택하면 다음과 같은 내용이 메모장에서 열린다.

가장 윗줄에 다음 코드를 추가한다. 어느 줄에 입력하든 상관없지만 지금은 편의상 가장 윗줄에 입력해보자.

```
git pull
```

'git pull'은 새로운 업데이트를 곧바로 적용해주는 코드이다. 업데이트된 새로운 코드가 이전 것보다 항상 좋다고 말할 수는 없지만, 이 분야에는 새로운 기능과 방법이 수시로 등장하기 때문에 새로운 업데이트가 있을 때마다 내 PC로 당겨오는 pull 기능으로 프로그램을 항상 최신의 상태로 유지할 수 있다.

```
파일    편집    보기

git pull
@echo off

set PYTHON=
set GIT=
set VENV_DIR=
set COMMANDLINE_ARGS=

call webui.bat
```

위 화면처럼 추가한 뒤에 저장하고 메모장을 닫으면 된다.

이미지 생성 모델 추가하기

다음으로 필요한 사전 작업은 이미지 생성 모델을 추가하는 것이다. 방금 설치한 web UI 프로그램에는 생성 모델이 포함되어 있지 않다. 생성 모델이란 사용자가 필요한 이미지에 대한 명령을 집어넣었을 때 인공지능이 참고하는 데이터 파일이라고 생각하면 된다. 그래서 프로그램을 구동하기 전에 생성 모델을 준비해야 한다. 프로그램을 구동한다고 해도 생성 모델이 없다면 의미가 없다.

생성 모델은 누구나 만들 수 있지만, 많은 기초 자료와 학습 과정이 필요하다. 그래서 일반 사용자들은 다른 사람이나 집단이 만들어 공개한 모델을 내려받아 사용하면 된다. 사람 얼굴만 집중 학습시킨 모델이 있을 수 있고, 자동차 디자인만 집중 학습시킨 모델이 있을 수 있다. 다양한 모델들을 필요에 따라, 상황에 따라 선택해 사용한다.

다양한 생성 모델이 있지만 우선 지금은 가장 기본적인 모델을 받아보자.

Stable Diffusion v1-5 Model Card 다운로드

생성 모델을 제공하는 웹 페이지(https://huggingface.co/runwayml/stable-diffusion-v1-5) 중간 정도에 'Original GitHub Repository' 항목이 있다.

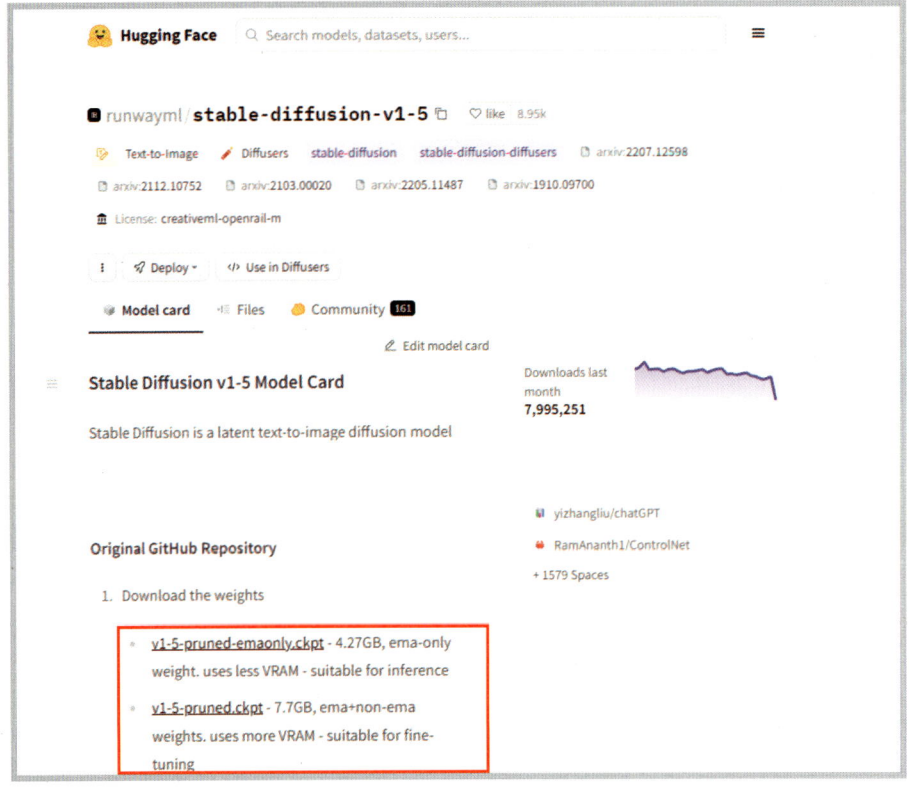

여기에서 항목에서 다음 2가지 파일을 다운로드 받는다.

- v1-5-pruned-emaonly.ckpt: 4.27GB, ema-only weight. uses less VRAM - suitable for inference
- v1-5-pruned.ckpt: 7.7GB, ema+non-ema weights. uses more VRAM - suitable for fine-tuning

모델 파일의 크기가 크면 그래픽 카드의 메모리를 더 많이 사용한다. 그만큼 시스템에 부하가 많이 걸리고 이미지 생성 시간도 많이 소모된다. 하드 디스크 용량이 충분하다면 둘 모두를 받고 골고루 사용해 보면서 맞는 걸로 선택하면 된다. 보통 모델들은 이정도 용량이라고 보면 된다.

2.1버전 모델 다운로드

2.1버전의 모델을 사용하기 위해서 다운로드 페이지(https://huggingface.co/stabilityai/stable-diffusion-2-1-base/blob/main/v2-1_512-ema-pruned.ckpt)에 들어간다.

아래와 같이 설명 중앙에 보이는 [download] 링크를 클릭하여 v2-1_512-ema-pruned.ckpt 파일을 내려받는다.

내려받은 ❶ 모델 파일은 아래와 같이 프로그램 폴더 중 ❷ 'models > Stable-diffusion' 폴더에 넣는다.

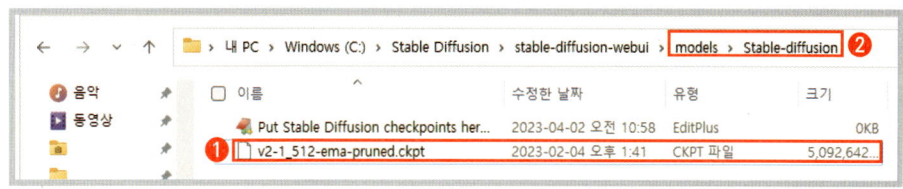

이 폴더를 열면 Put Stable Diffusion checkpoints here.txt 파일을 볼 수 있는데, 이는 이 폴더의 용도를 텍스트 파일의 제목에 적어 놓은 일종의 안내 메시지이다. 없어도 되는 파일이니 지우고 싶으면 지워도 되고 남겨두어도 된다.

이렇게 준비가 완료되면 webui-user.bat을 실행한다. 최초 실행 시에는 다음 화면처럼 파이썬 코드들이 작동하면서 필요한 것들을 설치하고 설정 등을 하는 데 시간이 좀 걸린다.

다음에 실행할 때는 업데이트된 내용을 처리하기 위해서 시간이 소요되고, 다른 변동 사항이 없다면 별 진행 사항 없이 준비가 완료된다.

매번 실행하면서 여러 명령줄이 진행되는데 앞 화면에서처럼 'Running on local URL: http://127.0.0.1:7860'이라는 줄이 나타나면 준비가 모두 끝난 것이다.

이제 웹 브라우저를 열고 주소 입력줄에 'http://127.0.0.1:7860'을 입력하고 실행하면 프로그램이 나타난다. 물론 'http://'는 생략해도 된다. 또는 명령창에서 〈Ctrl〉 키를 누른 상태에서 'http://127.0.0.1:7860' 부분을 마우스 클릭을 하면 시스템의 기본 웹 브라우저에 프로그램이 자동으로 표시된다. 혹시 이 동작이 제대로 수행되지 않는다면 브라우저를 열고 주소를 직접 입력한다. 어느 브라우저에 입력해도 무방하다.

참고로 명령창 실행이 완료된 후 여기에 표시된 주소를 직접 클릭하지 않아도 자동으로 웹 브라우저가 실행되도록 하고 싶다면 앞에서 언급한 것과 같이 실행 파일인 webui-user.bat을 편집 상태로 열고(26쪽 참고), 'set COMMANDLINE_ARGS=' 행을 찾아 아래와 같이 '--autolaunch'를 넣어 옵션을 추가한다. autolaunch 앞에 짧은 줄표가 2개인 것에 주의하자.

```
set COMMANDLINE_ARGS=--autolaunch
```

이제 파일을 실행시키면 주소 입력 없이 web UI가 자동으로 실행된다.

'127.0.0.1'은 자신의 PC를 가리키는 특수한 용도의 IP 주소이다. 참고로 '7860'은 포트 번호라고 한다. 보안 등의 이유로 이 포트 번호를 수정해 사용할 때도 있다. 포트 번호 수정은 뒤에서 설명하도록 하겠다.

앞 화면이 보이면, 설치가 제대로 된 것이고 이제 이 상태로 이미지 생성 작업을 바로 시작할 수 있다.

프로그램 사용 중에는 명령창은 닫지 말고 그대로 두어야 한다. 이 창을 닫으면 프로그램이 종료된다. 프로그램을 끝낼 때는 명령창 우측 상단의 종료 단추를 눌러도 되지만, 될 수 있으면 명령창이 선택된 상태에서 〈Ctrl + C〉 키를 누른다.

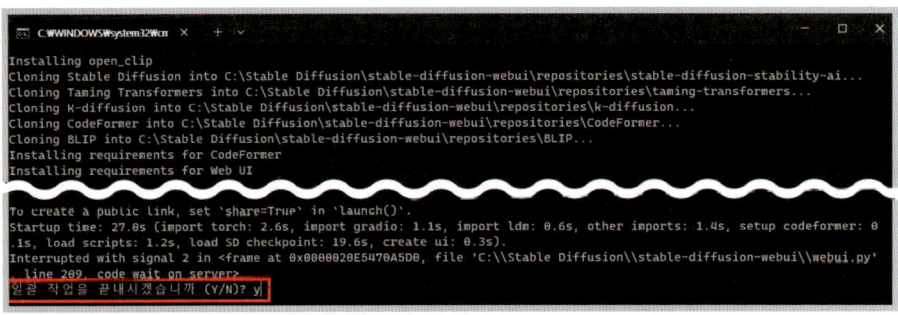

이후 '일괄 작업을 끝내시겠습니까 (Y/N)?' 메시지가 나오면 'y'를 입력하고 엔터를 누른다. 그러면 창이 닫히고 프로그램이 안전하게 종료된다. 웹 브라우저를 닫지 않았다면 화면은 그대로 유지되겠지만 작동은 되지 않는다.

나중에 이 프로그램이 필요 없어지면 맨 처음 C 드라이브에 만들었던 프로그램 폴더 자체를 삭제하면 된다. 다른 드라이브나 폴더로 옮기고 싶다면 폴더를 그대로 이동하거나 복사하면 다른 추가적인 조치 없이 바로 사용할 수 있다.

Stable Diffusion web UI를 원격으로 사용하기

앞서 살펴본 바와 같이 Stable Diffusion web UI를 설치하기 위해서는 일정한 수준의 조건을 갖춘 PC가 있어야 한다. 특히 넉넉한 VRAM을 갖춘 NVIDIA 그래픽 카드가 있어야 한다. 이런 조건을 충족하지 않으면 설치할 수 없거나 설치를 하더라도 속도가 굉장히 느리거나, 갖은 오류를 겪게 된다.

이런 경우 구글 코랩Google Colab과 같은 클라우드 서비스를 사용할 수도 있지만, 무료인지 유료인지에 따라 서비스의 차이가 크고, 로컬에서 가능한 기능을 모두 지원하는 것은 아니어서 답답할 때가 많다.

그렇다면 한 가지 또 적용할 수 있는 방법이 있다. Stable Diffusion web UI를 원격으로 설치 및 이용하는 것인데, 이 경우에는 web UI를 설치해 제대로 사용 중인 PC가 하나 있는 것을 전제로 한다.

이렇게 준비된 PC가 하나 있다면, 서버 역할을 부여해서 같은 공간에 있든 아니면 외부에서건 웹으로 접속해 프로그램을 사용할 수 있다. 이렇게 하면 저사양의 다른 PC나 노트북 PC에서도 웹 브라우저를 통해 프로그램을 사용할 수 있고, 아이폰 같은 스마트폰이나 아이패드 같은 태블릿 PC에서도 사용할 수 있다.

Stable Diffusion web UI를 원격으로 설치하기 위해 우선 web UI 실행 시 사용하는 webui-user.bat 파일의 편집에 들어간다. 'set COMMANDLINE_ARGS=' 행을 찾아 다음과 같이 뒤에 '--listen'을 입력한다.

```
set COMMANDLINE_ARGS=--listen
```

이렇게 입력한 후 web UI를 실행하면 서비스 접속 주소가 원래의 'http://127.0.0.1:7860/'에서 'http://0.0.0.0:7860/'으로 바뀌어 제공된다. 서버 PC에서 사용할 때는 원래대로 http://127.0.0.1:7860/ 주소를 이용하면 되고, 다른 PC에서 사용하기 위해서는 해당 PC의 방화벽 설정을 하나 손봐야 한다.

방화벽 설정하기

방화벽 설정은 PC의 '설정 〉개인 정보 및 보안 〉Windows 보안 〉방화벽 및 네트워크 보호'에서 한다. PC 설정 초기 화면에서 검색 기능을 이용해 방화벽 페이지를 찾아도 된다.

다음과 같이 방화벽 및 네트워크 보호 페이지에서 [고급 설정]을 선택한다.

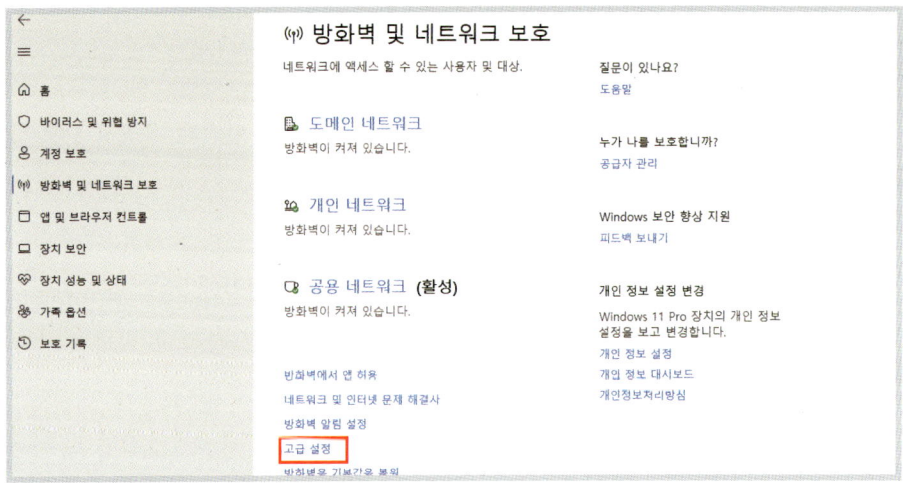

그러면 아래와 같이 방화벽 설정창이 열리는데, 왼쪽에서 인바운드 규칙, 아웃바운드 규칙, 연결 보안 규칙 등의 메뉴를 확인할 수 있다.

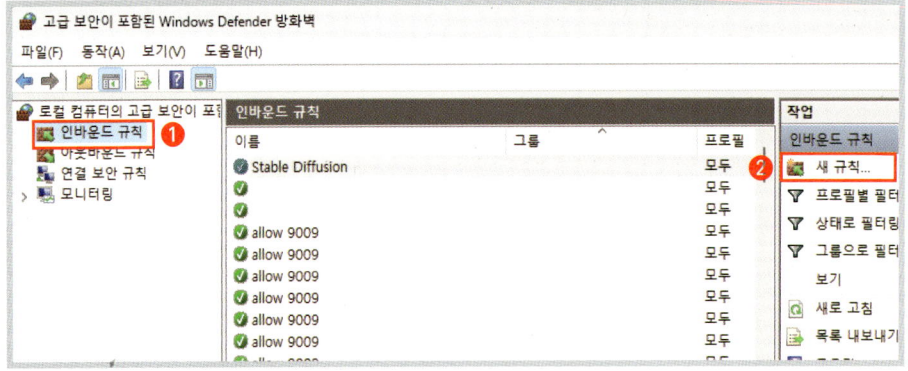

왼쪽 메뉴에서 ❶[인바운드 규칙]을 클릭하면 오른쪽에 인바운드 규칙 메뉴가 뜬다. 여기에서 ❷[새 규칙]을 클릭하면 다음과 같이 '새 인바운드 규칙 마법사'가 뜬다.

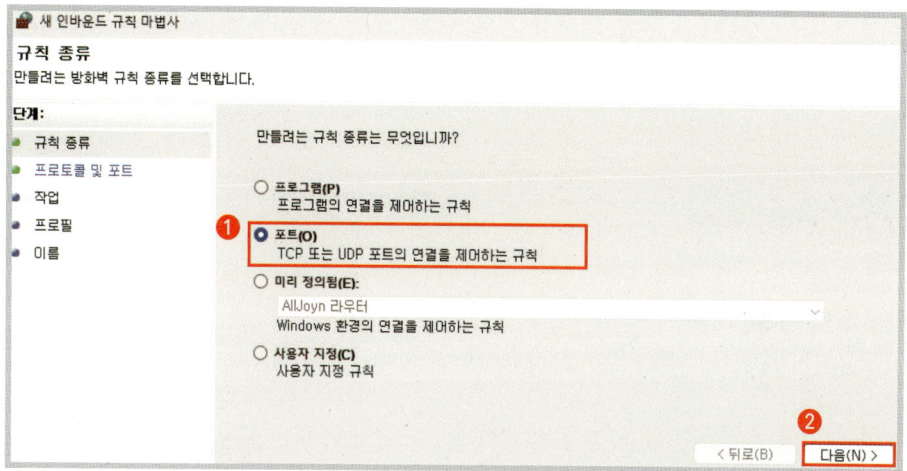

새 인바운드 규칙 설정창에서 ❶'포트'를 선택하고 ❷[다음]을 눌러 포트 번호를 입력하는 단계로 넘어간다.

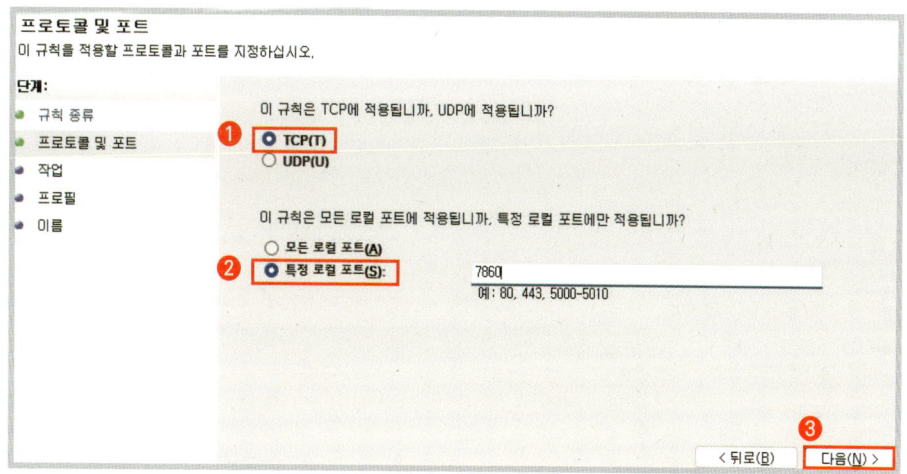

1장. 스테이블 디퓨전 설치 & 실행 35

❶TCP가 체크된 상태에서 ❷'특정 로컬 포트'에 필요한 포트 번호를 입력한다. 여기에서는 web UI에서 사용하는 기본값인 7860을 지정하였으나, 보안 등의 이유로 다른 번호를 지정하는 것도 좋다(예: 7861, 7888 등). ❸ [다음]을 누르면 연결 허용 여부를 묻는 창이 나오는데 기본으로 선택되어 있는 대로 두고 다음으로 넘어간다. 이어서 나오는 규칙 적용 시기도 마찬가지로 기본으로 두고 다음으로 넘어간다.

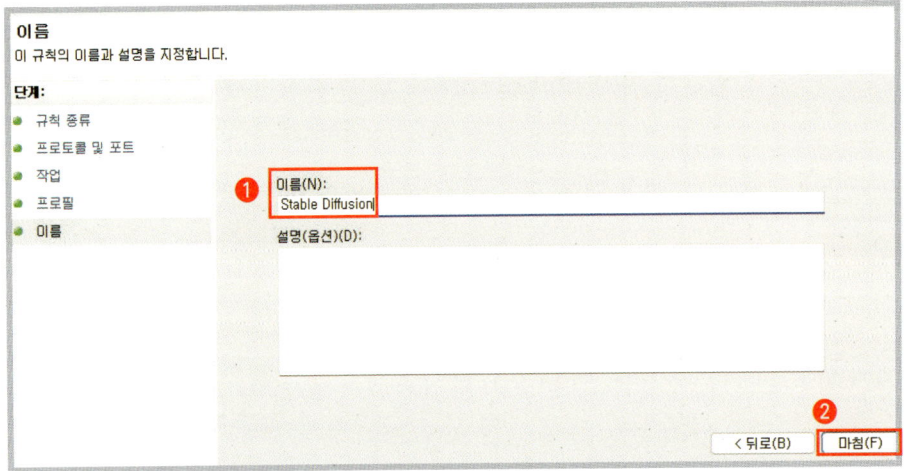

그러면 마지막으로 위 화면과 같이 규칙의 이름을 설정하는 창이 뜬다. ❶'Stable Diffusion'이라고 쓰고 ❷[마침]을 누른다. 이 책에서는 Stable Diffusion이라고 했지만 각자 적당한 것으로 설정하면 된다.

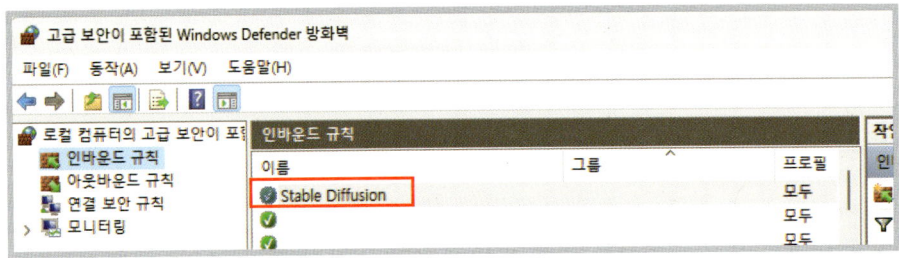

이렇게 하면 위와 같이 방화벽의 인바운드 규칙에 Stable Diffusion이 추가된 것을 확인할 수 있다.

일단 여기까지만 해도, 같은 장소에서 같은 네트워크를 사용하는 다른 PC나 스마트폰에서 이 PC에 접속해 사용할 수 있다. '127.0.0.1:7860'에서 '127.0.0.1'만 Stable Diffusion web UI가 설치된 PC의 IP 주소로 바꾸면 된다. 예를 들어, 설치된 PC의 IP 주소가 '192.168.10.12'이라면, 접속 주소로 '192.168.10.12:7860'을 사용한다.

다른 장소나 다른 네트워크에서 이 PC에 접속하려면 외부에서도 접속 가능한 공인 IP 주소를 사용하면 된다. 만약 공유기를 사용하고 있다면, 공유기의 포트 포워딩 규칙에 해당 PC의 포트로 연결되도록 지정하면 된다. 물론 같은 장소나 네트워크에서도 이런 방식으로 접속할 수 있다.

IPTIME 공유기의 경우 포트 포워딩 규칙 지정 예

포트 포워딩 규칙을 지정하는 방법은 공유기마다 다르므로 자신의 공유기 설명서를 참고한다. 외부 포트를 기본값이 아닌 다른 값으로 지정해서 무단으로 접속하는 사용자를 방지하는 걸 잊지 말자. 이렇게 설정한 후 공유기의 주소와 포트 번호를 이용해 접속하면 된다.

다음은 아이폰에서 해당 주소에 접속한 화면이다.

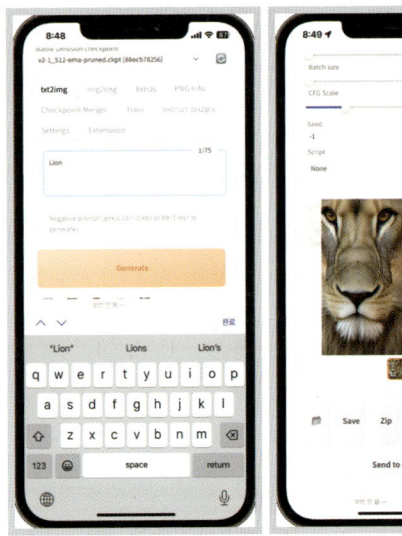

접속 아이디와 비밀번호를 설정할 수도 있다. webui-user.bat 파일 편집에 들어가 'set COMMANDLINE_ARGS=' 행을 찾아 다음과 같이 뒤에 '--listen --gradio-auth "user:pass"'를 입력한다.

set COMMANDLINE_ARGS= --listen --gradio-auth "user:pass"

'user'는 앞으로 사용할 아이디, 'pass'는 비밀번호이다. 여기에서는 임의로 적은 것이고, 원하는 대로 쓰면 된다. 예를 들어 "user : pass" 대신 "chul : book"으로 쓰는 것이다. 아이디와 비밀번호를 설정하면 해당 PC나 다른 PC에서 이 서비스에 접속하려면 아이디username와 비밀번호password를 입력해야 해서 보안에 좋다.

원격으로 web UI를 사용하는 것은 서버 역할의 PC가 항상 켜 있거나, 원격에서 켜고 제어할 수 있도록 PC를 세팅해놓은 상황에서 아주 유용하다. 사양이 좋은 PC 한 대에 프로그램을 설치해두고, 여러 사람들이 공유해 사용하는 방법으로도 적절하다.

이지 디퓨전(Easy Diffusion)

또 다른 설치형 인터페이스로 이지 디퓨전Easy Diffusion을 소개한다. 스테이블 디퓨전은 설치 전에 파이썬과 깃을 설치해야 하고 그래픽 카드와 같은 하드웨어 환경도 잘 갖춰져 있어야 설치 및 운용이 가능하다. 이지 디퓨전은 이러한 불편을 없애고 한 번에 모든 걸 설치하고 설정한다. NVIDIA 그래픽 카드가 없어도 PC의 CPU만으로 작동시키는 방법도 편리하다. 인터페이스도 단순하여 간편하게 사용할 수 있지만, web UI처럼 세세한 설정이나 확장 기능 사용이 어렵기 때문에 web UI를 도저히 쓸 수 없는 환경에서만 추천한다.

Easy Diffusion 2.5 GitHub 페이지(https://github.com/cmdr2/stable-diffusion-ui)에서 프로그램 소스 파일과 자세한 설명을 확인할 수 있다.

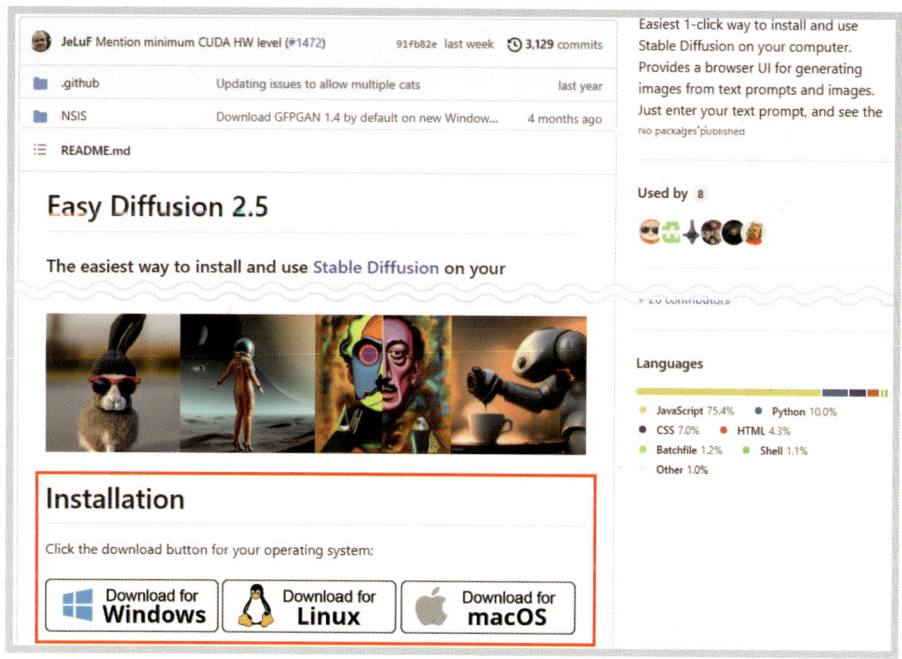

스크롤을 조금 내리면 나오는 'Installation' 항목에서 Easy Diffusion 2.5를 내려받을 수 있다. 자신의 환경에 맞는 설치 파일을 내려받는다. 간혹 파일이 시스템 보안 프로그램에 걸릴 수도 있으니, 잘 확인하여 내려받도록 한다.

윈도우의 경우에는 설치 파일 자체를 실행하는 것이지만, 리눅스나 맥은 압축을 풀고 설치 코드를 작동시키는 방식이다. 여기에서는 윈도우에서 설치하는 방법을 알아보겠다.

내려받은 설치 파일 Easy-Diffusion-Windows.exe을 실행하면 설치창이 나타나면서 단계별로 설치가 진행된다.

 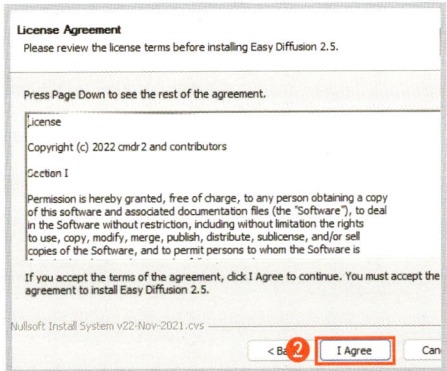

❶[Next]를 누르고, 다음으로 라이선스 동의하는 창이 뜨면 ❷[I Agree]를 클릭한다.

그러면 다음과 같이 파일을 설치할 위치를 정하는 화면이 나온다. 설치 위치는 원하는 곳으로 지정하면 된다. 나중에 폴더를 통째로 옮겨 사용할 수도 있으므로 심각하게 생각할 필요는 없다. 용량과 속도를 생각하여 적절한 드라이브에 위치하도록 하면 된다.

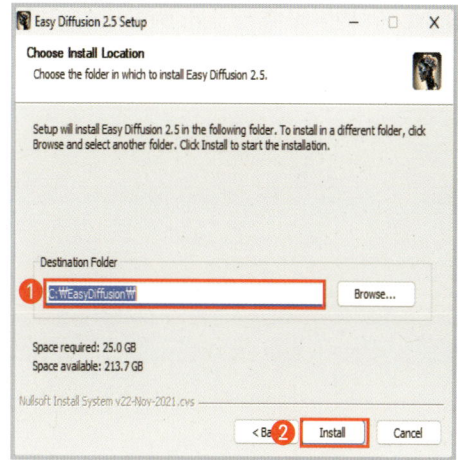 

❶ 설치 위치를 정하고(여기에서는 C 드라이브 바로 아래로 정했다) ❷ [Install]을 눌러 설치를 시작하면 나머지 단계는 모두 알아서 설치된다. 다소 시간이 걸릴 수 있다. 필요한 기본 모델까지 모두 설치되므로 끝날 때까지 기다린다. 설치 완료 안내창이 뜨면 ❸ 'Run Easy Diffusion'에 체크하고 ❹ [Finish]를 누르면 실행된다.

바탕 화면에 바로 가기를 만들어 놓아두면 프로그램 폴더에서 Start Stable Diffusion UI.cmd 파일을 실행하는 과정을 단축시킬 수 있다. 이후 웹 브라우저에 인터페이스가 열리는 것이 아니라 Stable Diffusion web UI와 같은 명령창이 뜨면서 다음과 같이 여러 명령줄이 연속적으로 실행된다.

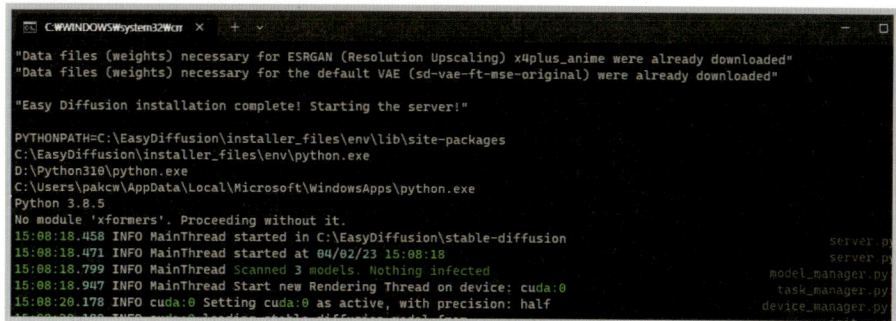

매번 이런 패턴으로 시작하게 되고, 업데이트가 있다면 이 단계에서 모두 반영된다.

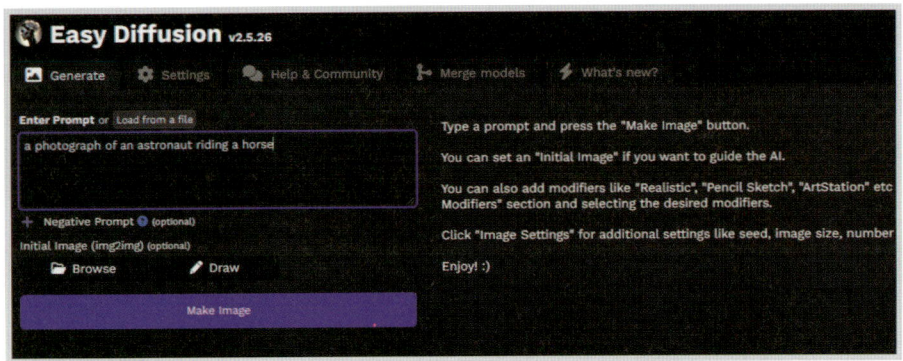

프로그램 준비가 끝나면 위 화면과 같이 자동으로 웹 브라우저가 자동으로 실행된다.

이지 디퓨전은 그래픽 메모리가 없거나 다소 부족한 환경을 스스로 판단해서 그러한 상황에서도 작업이 가능하도록 설정해준다. 참고로 CPU 모드로만 사용할 경우 이미지 생성에 시간이 오래 걸린다. 시스템에 따라서는 사용하기가 불가능할 정도로 느리지만, 최적의 환경 구축이 여의치 않다면 괜찮은 대안이 될 수 있다.

시스템에 설정된 기본 웹 브라우저가 자동으로 열리는데 혹시 다른 웹 브라우저에서 사용하고 싶다면 해당 인터페이스의 접속 주소인 'http://localhost:9000/'를 이용한다. 'localhost'라는 이름으로 접속되지 않는다면 '127.0.0.1:9000'처럼 숫자로 된 IP 주소를 쓰면 된다. 'localhost'와 '127.0.0.1'은 같은 의미라고 생각하면 된다. 포트 번호는 '9000'으로 기존 스테이블 디퓨전의 포트 번호와 다르기 때문에 두 인터페이스를 동시에 열어 사용할 수 있다.

스테이블 디퓨전과 마찬가지로 프로그램 사용 중에는 명령창을 닫으면 안 되고, 프로그램을 종료하고 싶을 때는 기존과 같은 방식으로 명령창에서 〈Ctrl + C〉 키를 누르고, 종료 입력창에 'y'를 입력하여 종료한다. 일반적인 사용 방법은 다른 인터페이스와 유사하므로 스테이블 디퓨전으로 사용 방법을 익혀 응용하면 된다.

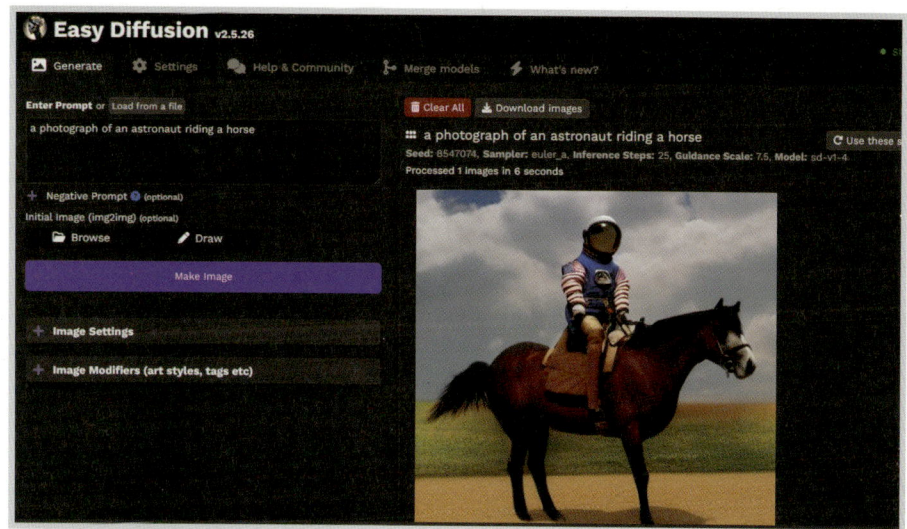

위 화면은 처음 이지 디퓨전을 시작하면 입력되어 있는 프롬프트 "a photograph of an astronaut riding a horse"로 이미지를 생성한 결과 화면이다. 같은 프롬프트에 같은 설정값이어도 매번 다른 그림이 나온다.

2장
기본 이미지 생성

1장에서 이미지 생성을 위한 준비를 끝냈으므로, 이제 본격적으로 이미지를 만들어 보자. 이미지를 생성하고자 하는 목적이나 원하는 결과물의 스타일에 따라 다양한 접근법들이 존재한다. 사용법에 익숙해지면 상당히 복잡한 방법도 활용하면서 꽤 고품질의 이미지를 얻을 수 있을 것이다.

이제부터 스테이블 디퓨전을 이용해서 기초적인 이미지부터 하나씩 만들어본다. 이미지를 생성하는 방법은 크게 txt2img ^{Text-to-Image}와 img2img ^{Image-to-Image}, 2가지로 나눌 수 있다. txt2img는 필요한 이미지를 글로 표현하고 이를 인공지능이 이미지로 변환하는 방식이고, img2img는 특정 이미지를 제시하고 이를 바탕으로 새로운 이미지를 만들도록 하는 방식이다.

먼저 글로 이미지를 생성하는 txt2img 방식부터 알아보자.

🎨 txt2img 방식

우선 Stable Diffusion web UI가 설치된 폴더에서 webui-user.bat 파일을 실행한다. 명령창이 나타나고 일련의 준비 과정을 지켜본 'local URL' 행을 찾는다. 앞에서도 말한 것처럼 명령창의 진행은 소스 업데이트 등의 과정이 있다면 더 길고 복잡해져 시간이 걸릴 수가 있다. 이때에도 'local URL' 행이 나타나길 기다리면 된다. web UI를 사용하는 중에는 명령창을 닫지 않도록 주의한다.

'local URL' 뒤에 보이는 것이 사용할 IP 주소이다. 사용 중인 웹 브라우저 주소창에 'http://127.0.0.1:7860'을 입력한다. 명령창에서 'http://127.0.0.1:7860' 부분을 〈Ctrl〉 키를 누른 상태에서 마우스 왼쪽 버튼으로 클릭해도 된다.

그러면 시스템의 기본 웹 브라우저가 자동으로 실행된다. 명령창을 여러 개 실행하여 동시에 여러 개의 웹 인터페이스를 사용할 수도 있다. 이 경우 '127.0.0.1'은 동일하지만, 포트 번호가 '7860, 7861' 등으로 달라진다. 그러나 시스템 메모리 등에 영향을 줄 수 있으니 꼭 필요한 경우가 아니라면 인터페이스는 하나만 쓰는 것이 좋다.

참고로 스테이블 디퓨전의 프로그램 화면 구성이나 메뉴 이름, 메뉴 항목의 위치 등은 업데이트 상황에 따라 조금씩 달라질 수 있다. 웹에 기반한 서비스 형태의 프로그램을 사용할 때는 흔한 일이므로 이런 점을 고려하여 사용하도록 한다. 가끔 접속해 사용한다면 바뀐 인터페이스에 적응하기 조금 힘들 수 있지만, 수시로 사용한다면 큰 변화를 느끼기 어렵고, 바로 적응할 수 있다.

프롬프트 입력

txt2img 방식으로 이미지를 생성하려면 우선 프롬프트Prompt를 생각해야 한다. 프롬프트는 필요한 이미지를 텍스트, 즉 글로 표현한 것이라는 정도로 생각하자. 뒤에서 더 자세히 설명하겠지만, 어렵게 생각할 것은 없고 디자이너에게 원하는 이미지를 설명하거나, 그림에 제목과 캡션을 달 듯 적으면 된다.

지금은 프롬프트 입력이 영어로만 가능하다. 한국어뿐만 아니라 다른 언어도 지원하지 않는다. 그렇지만 문법이나 표현이 정확하지 않아도 어느 정도 인식되므로 영어에 자신이 없어도 크게 걱정할 필요는 없다. 철자에 오류가 있어도 마찬가지이다. 대문자, 소문자, 단수, 복수, 시제 이런 문법에 얽매이지 말고 자연스럽게 표현을 만들면 된다.

한 가지 좋은 방법은 구글 번역(translate.google.com)이나 파파고(papago.naver.com), DeepL(www.deepl.com/translator) 같은 온라인 번역 서비스를 이용하는 것이다. 어떤 것이 좋다, 우수하다고 단언할 수 없다. 자신의 취향에 따라 다를 수 있고, 업무 분야에 따라 용어의 적합도가 달라질 수 있으므로, 다 시도해보고 적합한 것을 선택하도록 한다.

이제 txt2img 방식으로 이미지 생성하기 위한 주요 사항을 확인해보자.

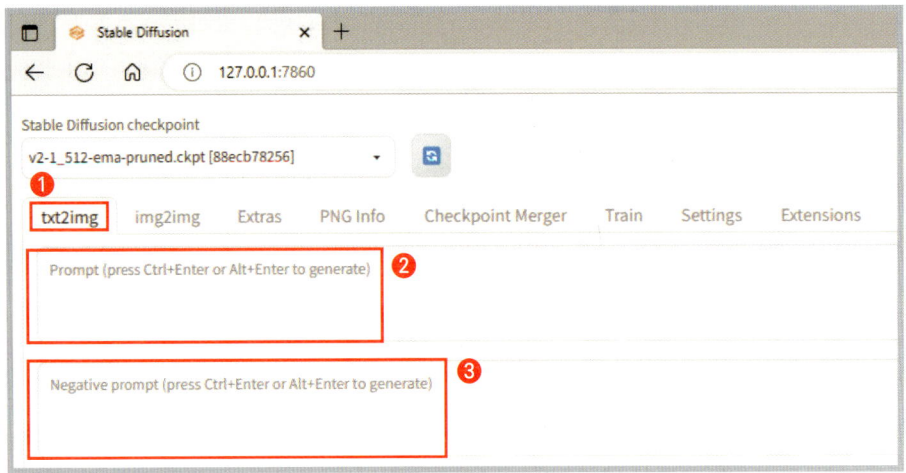

원하는 이미지에 대한 표현을 만들었다면, ❶ [txt2img] 탭을 눌러 ❷와 ❸에 프롬프트를 넣는다.

프롬프트는 인공지능 시스템에 필요한 사항을 알리는 문구를 말한다. Stable Diffusion 같은 이미지 생성형 인공지능 시스템뿐만 아니라 대화형 시스템 등 명령에 해당하는 인간의 요구 사항을 표현한 텍스트 집합을 프롬프트라고 한다.

프롬프트에는 긍정 프롬프트positive prompt와 부정 프롬프트negative prompt가 있는데, 긍정 프롬프트는 사용자가 적은 대로 반영해야 하는 내용을 담은 것이고, 반대로 부정 프롬프트는 이런 내용은 적용하지 말라는 사용자의 특별 요구 사항이다. 시스템에 따라 긍정과 부정을 하나의 프롬프트로 처리하기도 하지만, Stable Diffusion web UI에서는 별도로 입력할 수 있다.

❷'Prompt' 상자에는 긍정 프롬프트를 넣고, ❸'Negative Prompt' 상자에는 부정 프롬프트를 넣는다. 긍정 프롬프트는 반드시 넣어야 하지만, 부정 프롬프트는 비워둘 수 있다.

간단한 예시를 들어보자. 말타는 우주 비행사 사진이 필요해서 txt2img 방식으로 이미지를 만들어본다고 하자. 그러면 다음 정도의 프롬프트를 생각할 수 있다.

"a photograph of an astronaut riding a horse"

여기서는 일단 부정 프롬프트는 생략하고 이미지를 생성해보겠다.

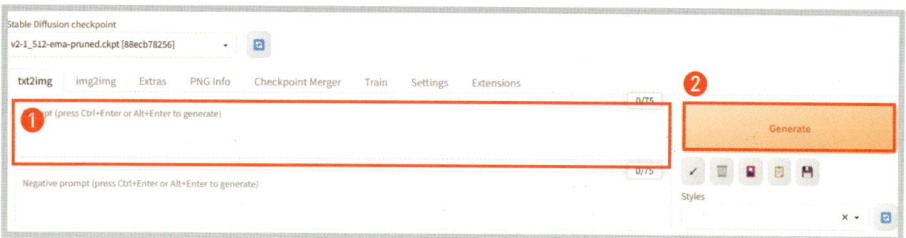

위의 설명을 ❶프롬프트 상자에 입력하고 ❷[Generate] 를 누른다. 잠깐 기다리면 다음 화면에서처럼 이미지가 나타난 것을 확인할 수 있다.

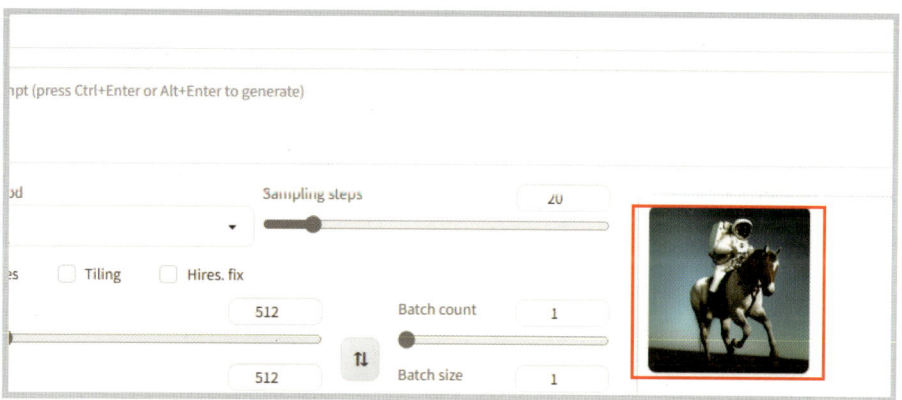

지금은 별다른 설정 없이 바로 생성해서 그림이 1장 만들어진 것이다.

참고로 위 화면에서 나온 결과 이미지는 web UI 설치 단계(27쪽 참고)에서 따로 내려받아 저장한 생성 모델을 기반으로 생성된 것이다.

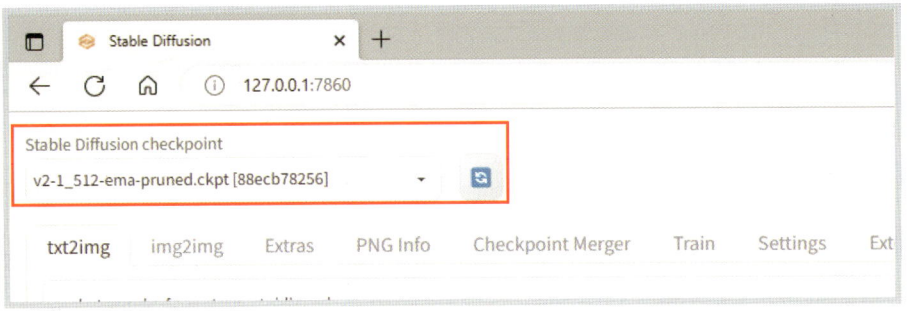

web UI 메인 화면 왼쪽 위의 'Stable Diffusion Checkpoint'에서 생성 모델의 이름을 확인할 수 있다. 지금은 확보한 모델(체크포인트)이 하나밖에 없지만, 나중에 여러 개를 추가해 두면 이곳에서 모델들을 변경하면서 이미지를 만들 수 있다. web UI를 실행하면 이전에 사용했던 모델이 선택된 상태가 되므로, 여러 개의 모델이 있고, 특정 모델을 원한다면 이미지를 생성하기 전에 미리 살펴볼 필요가 있다.

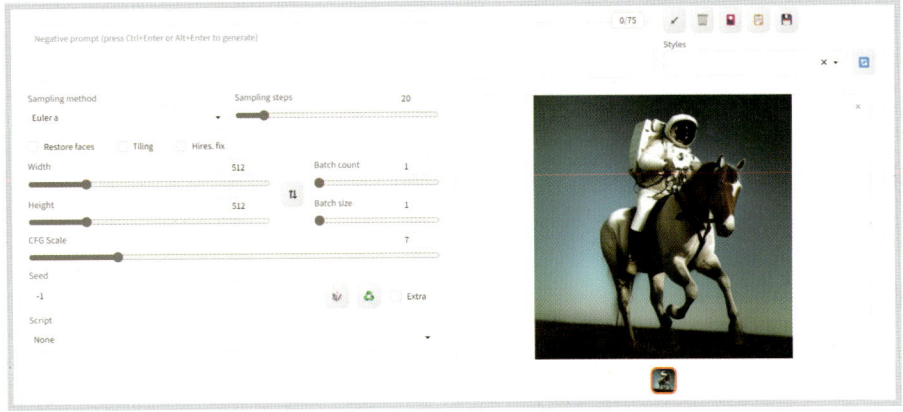

다시 결과 이미지로 돌아가서, 결과 이미지를 클릭하면 결과창이 크기에 맞게 확대되고, 한 번 더 클릭하면 다음 화면처럼 브라우저 크기로 이미지를 크게 볼 수 있다.

또한 지금은 결과 이미지가 1장이지만 여러 장일 경우 좌우에 있는 화살표를 클릭하여 살펴볼 수 있다.

Batch count와 Batch size

다음으로 결과 이미지 개수를 조정하는 법을 알아보자.

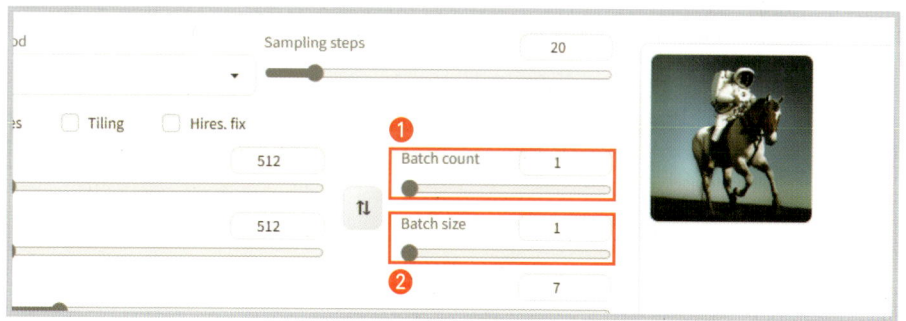

결과 이미지 왼쪽에 보이는 설정 항목 중에 ❶ 'Batch count'와 ❷ 'Batch size'가 있다. 이 항목을 조정해서 만들고자 하는 이미지의 개수 등을 조절할 수 있다.

시스템이 생성 작업을 시작할 때 나름대로 이런 방식으로도 이미지를 만들어보고 저런 방식으로도 이미지를 만들어볼 텐데 그런 시도를 동시에 몇 번 하느냐를 결정하는 것이 'count'이고, 하나의 방식으로 몇 개의 이미지를 뽑아낼 것이냐를 정하는 것이 'size'이다. 이 둘을 구분하는 것은 크게 의미가 없는 것으로 알려져 있다.

'Batch count'를 '2'로 하면 2개의 이미지가 만들어지고, 이 둘을 결합한 그리드 이미지도 같이 나타난다. 그리드grid란 두 개 이상의 이미지를 동시에 생성할 때 이 그림들을 모두 모아서 하나의 이미지로 만든 결과물을 말한다.

그리드를 클릭하면 아래 화면처럼 확대해서 볼 수 있다.

다음은 같은 프롬프트를 이용해 연속적으로 생성한 이미지이다. 매번 다른 그림이 나오고 심지어 프롬프트에 지정된 요구 사항인 '말'이 무시되기도 한다는 것을 알 수 있다.

이미지 개수를 지정하는 것은 단지 사용할 이미지를 하나 이상 만들기 위해서가 아니다. 생성형 인공지능은 미리 학습한 정보를 바탕으로 결과물을 그때마다 다른 방식으로 새롭게 구성해 만들기 때문에, 같은 프롬프트에 같은 조건이어도 절대 같은 이미지가 나오지 않는다. 비슷한 그림이 나오기는 하지만, 100% 같은 그림을 다시 만들 수 없고, 한번 만든 이미지는 그 자체로 고유하게 남는다. 프롬프트로 내가 머릿속에서 상상한 이미지를 그대로 만들어낼 수 없는 것이다. 그런 풍의, 그런 스타일의 비슷한 이미지를 얻을 수 있을 뿐이다. 이런 이유로 정말 원하는 이미지를 얻으려면 여러 개의 이미지를 생성하게 한 다음 가장 근접한 결과물을 선택해야 한다.

이미지 저장과 설정

이렇게 생성된 그림은 'Stable Diffusion 〉 outputs' 폴더에 자동으로 저장된다.

txt2img 방식으로 생성한 것은 'outputs 〉 txt2img-images' 폴더에, img2img 방식으로 생성한 것은 'outputs 〉 img2img-images' 폴더에 해당 날짜 이름의 폴더가 만들어져 일련번호 형식의 이름으로 저장된다.

저장 위치나 방식은 web UI의 설정Settings 페이지에서 관리할 수 있다.

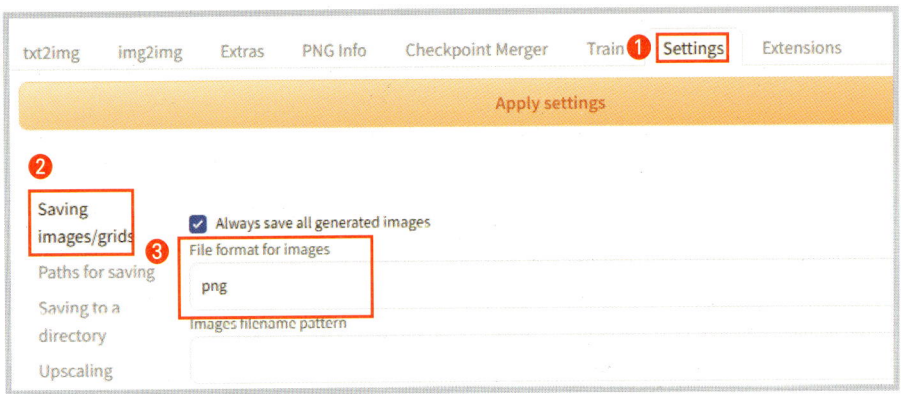

저장되는 이미지의 형식을 정하기 위해서는 web UI의 ❶[Settings] 〉 ❷[Saving images/grids] 페이지로 이동한다. 기본값은 ❸ png로 되어 있다. 한 번에 여러 포맷을 지정할 수 없고, 필요에 따라 png를 jpg, jpeg, gif 등으로 바꿀 수 있다.

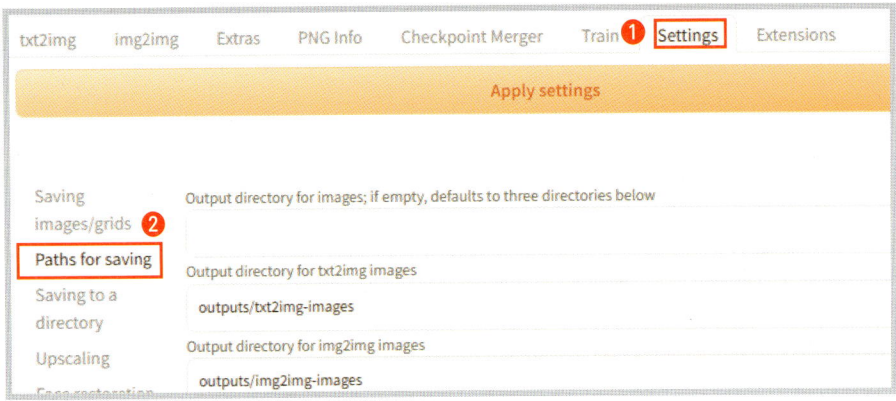

저장 경로를 지정하기 위해서는 web UI의 ❶[Settings] > ❷[Paths for saving] 페이지로 이동한다. 생성하는 이미지 종류에 따라 저장되는 위치를 정하도록 한다. 즉, txt2img 방식으로 만든 이미지와 img2img 방식으로 만든 이미지를 구분하여 저장하는 용도이다. 참고로, 윈도우에서 폴더에 해당하는 것을 스테이블 디퓨전에서는 디렉터리directory라고 한다.

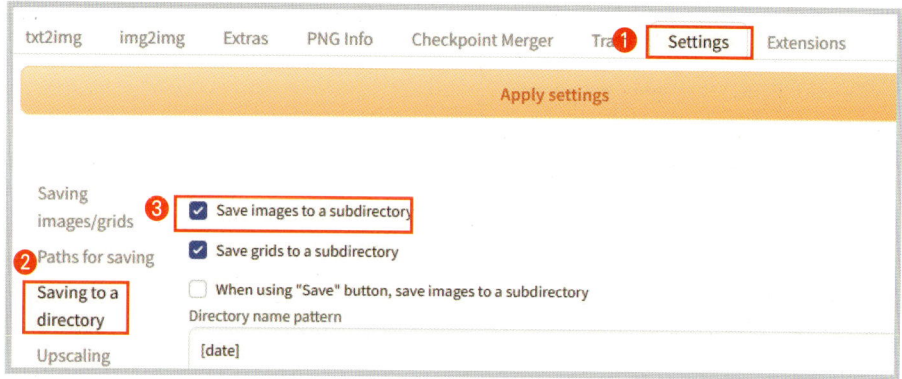

디렉터리에 저장되는 방식을 결정하려면 ❶[Settings] > ❷[Saving to a directory] 페이지에서 ❸'save images to a subdirectory' 항목에 체크한다. 이 옵션을 선택하면 하위 디렉터리를 생성해서 이미지를 저장하게 된다. 현재 이미지 생성 방식으로 폴더를 지정했으므로 그 아래에 하위 디렉터리가 만들어진다.

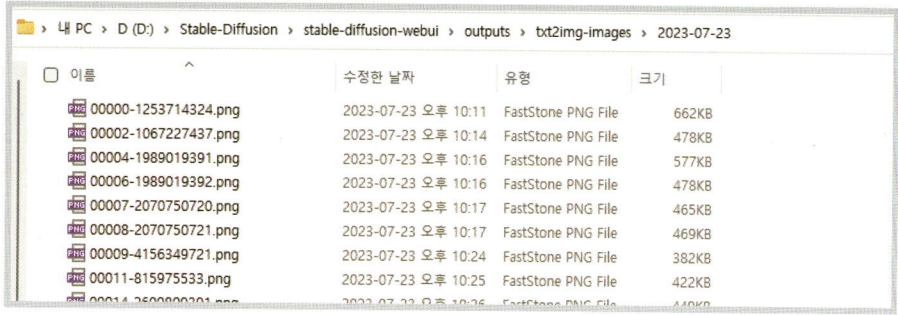

앞의 화면에서와 같이 기본적으로는 작업한 일자를 이름으로 하는 폴더 아래에 일련번호(정확하게는 해당 그림의 시드Seed)로 파일 이름이 만들어지는 것이다.

참고로 시드는 스테이블 디퓨전 같은 생성형 모델에서 부여하는 임의의 숫자를 말하는 것으로, 생성된 이미지의 고유 번호라고 볼 수 있다. 따라서 새롭게 만들어진 이미지에는 고유의 시드가 배정되고, 이 숫자를 파일 이름으로 해 저장된다.

다소 번거로울 수 있지만, 폴더와 이미지 관리 체계와 구성을 잘 이해하고 있어야 한다. 또한 결과물의 양이 많아지면 불필요하게 용량을 차지하거나 시스템 성능을 저하할 수도 있으니, 이런 점들도 고려해서 이미지 파일들을 관리해야 한다.

샘플링 방식과 단계 수

다음으로 이미지 생성을 위한 기본 항목으로 샘플링 방식Sampling method과 샘플링 단계 수Sampling steps가 있다. 기본값은 각각 'Euler a'와 '20'이다. 참고로 Euler는 수학자 오일러의 이름에서 온 것이어서, 영어식 발음과 무관하게 오일러로 읽는다.

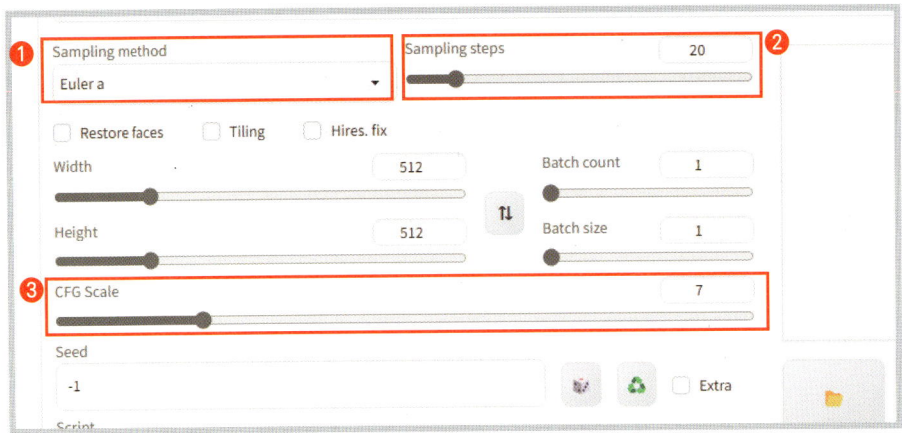

❶ 샘플링 방식은 이미지를 구성하는 방식으로 적용 알고리즘에 따라 다양하다. 어

떤 것이 좋고 나쁜지는 단언하기 힘들다. 시간이 될 때 모든 경우를 확인해보면서 자신의 취향이나 시스템 성능에 적합한 모델을 정해서 사용할 수 있도록 하자. 특별하게 선호하는 것이 없다면 'Euler a'나, 'DPM++ SDE', 'DPM2 karras' 위주로 사용해본다.

❷ 샘플링 단계 수는 이미지를 구성하는 시도 횟수라고 볼 수 있는데 숫자가 클수록 처음보다 변화를 많이 주면서 이미지를 생성하게 된다. 이 단계 수가 많을수록 더 정교하고 좋은 그림이 나올 것 같지만, '장고 끝에 악수'라는 바둑 격언처럼 무조건 많이 시도할수록 그림이 더 좋아진다고 볼 수 없다. 어느 단계에서 멈춰야 할지, 덧대는 순간 품질이 더 떨어질 수도 있다. 그래서 이것도 최적의 설정값을 단언할 수 없다. 같은 모델에 같은 샘플링 방식이어도 프롬프트의 구성이나 그 순간 인공지능 시스템이 선택한 생성 방식에 따라 다른 결과가 나온다. 이 역시 몇 가지 값을 적용하여 얻은 결과를 서로 비교해 적절한 것을 선택하는 것이 최선이다. 보통은 20을 기준으로 최대 40까지 시도해 보는 것이 일반적이다.

프롬프트로 설정값에 따라서 어떤 결과가 나타나는지 살펴보자. 아래의 결과 이미지는 'Euler a'와 'UniPC'의 예시이다.

CFG 수준

마지막으로, ❸CFG 수준CFG scale, classifier-free guidance scale은 학습된 모델을 기반으로 새로운 이미지를 만들 때, 입력한 프롬프트에 제시된 텍스트를 적당하게 참고 수준으로 생각하면 되는지, 없어서는 안 될 필수 요소로 간주해야 할지를 결정하는 척도이다.

예를 들어, 프롬프트에 'horse'라는 단어가 있다면 새 이미지를 만들 때 이 단어를 1에서 30까지의 수준 중에 어느 정도 반영을 하는지 정한다. 이 값을 최대로 한다는 것은 horse를 결과물에 반드시 집어넣어야 한다는 뜻이 된다. 이 경우 전체 맥락에서 horse가 어울리지 않더라도 무리해서라도 horse를 그려 넣어서 그림이 이상해질 수 있다. 이 값을 낮추면 프롬프트에 있는 내용은 대충 참고하여 인공지능 시스템이 자기 마음대로 그림을 그린다. 이때에는 그림의 구성이 더 창의적으로, 그러나 처음에 의도했던 것과는 다르게 창작될 수도 있다.

아래와 같은 프롬프트를 샘플링 방식은 'Euler a'로, 단계 수는 '20'으로 고정하고, CFG 수준을 각각 다르게 지정했을 때 나오는 결과물을 비교해보자.

CFG 수준이 '4'로 낮은 그림은 시스템의 재량이 더 큰 것이고, '30'으로 가장 높은 그림은 프롬프트에서 벗어나지 않도록 노력한 것이다. 그림에서 CFG 수준이 30으로 최댓값인 경우에는 프롬프트의 'standing'이라는 단어를 준수하다 보니 사람뿐만 아니라 개도 말 그대로 '서 있는' 그림이 되어버렸다.

이미지 자체의 품질은 이 스케일 값이 낮을수록 좋지만, 내가 원하는 피사체나 구성 방식이 제대로 구현되지 않을 수 있다. 프롬프트를 상세하게 써서 시스템이 그림을 그릴 때 제대로 참고하게 할 수도 있지만, 프롬프트가 길어지면 시스템이 분석하여 적용할 때 혼동이 되어 역효과를 줄 수도 있다. 프롬프트에만 의존하는 것이 아니라 입력한 그림도 같이 참고하는 img2img 방식에서 CFG 수준은 더 중요한 항목이 된다.

X/Y/Z plot으로 여러 옵션을 동시에 적용하기

원하는 결과를 예상하고 딱 맞는 설정값을 지정한다는 것은 정말 어려운 일이다. 경험이 많다면 어느 정도의 오차를 고려하여 괜찮은 품질의 결과물을 얻을 수도 있겠지만, 여전히 결과물의 일관성을 보장하기는 쉬운 일이 아니다. 그러므로 여러 값을 다양하게 적용해보는 것이 좋은데, 이런 일을 기본 화면에서 비교적 간단하게 시도할 수 있다.

초기 화면 하단에 보면 스크립트Script라는 메뉴가 있다. 스크립트는 엑셀의 매크로처럼 특별히 추가하여 만든 코드 집합이라고 보면 된다. 추가 기능이라고 할 수 있다. 기본값으로 지금 아무것도 선택되어 있지 않다는 의미의 None이 설정되어 있다.

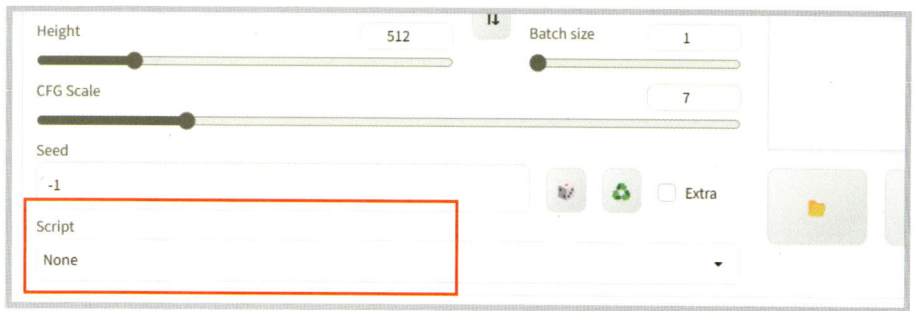

이곳을 펼쳐보면 다음과 같이 기본적으로 미리 설치되어 있는 'Prompt matrix',

'Prompts from file or textbox' 등 몇 가지를 볼 수 있다.

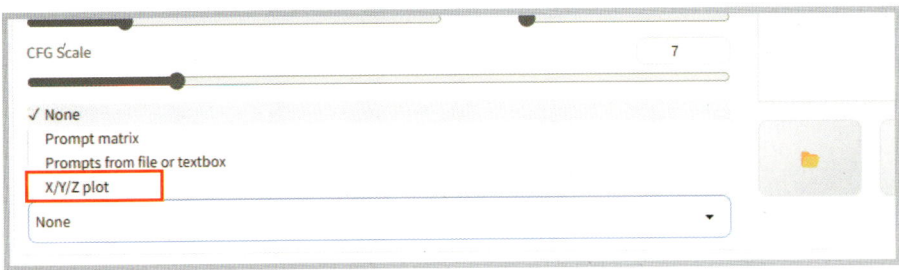

그중 'X/Y/Z plot'을 선택하면 다음과 같이 관련 메뉴가 펼쳐진다. X, Y, Z 세 개의 축으로 다양한 설정 항목과 값을 배정하여 하나의 그리드로 생성해 비교할 수 있다.

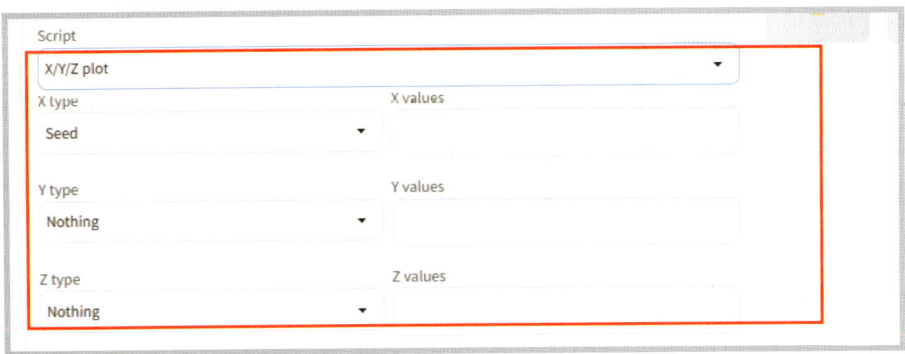

이어지는 내용에서는 아래 프롬프트를 샘플링 방식과 단계 수, CFG 수준을 달리해 가면서 비교해보겠다.

"an ink painting of a wooden house in the forest"

- X type

X type에서는 샘플링 방식을 지정한다. 다음 화면에서 ❶ [sampler]를 선택한 후

지정하면 되는데, 2가지 방식이 있다. 우선 ❷ 'X values' 항목에 필요한 방식을 직접 입력하는 방식이 있다.

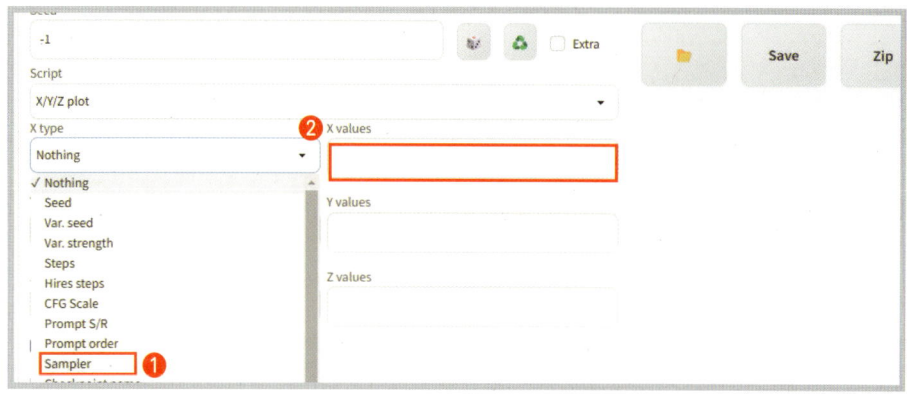

그리고 ❸을 눌러 모든 샘플러 방식을 가져온 후 필요한 것만 남겨두는 방식이 있다.

단순하게 숫자로 설정값을 입력하는 것이 아니라, 정해져 있는 이름을 입력해야 하는 경우라면 이렇게 자동으로 넣어주는 방법을 선택하는 것이 좋다.

- Y, Z type

Y type에서는 단계 수step를, Z type에서는 CFG 수준scale을 지정할 수 있다.

Y type		Y values
Steps	▼	20,25,30
Z type		Z values
CFG Scale	▼	7,10,20

숫자로 들어가는 값들은 쉼표로 필요한 값들을 나열할 수도 있고, 소괄호와 대괄호 같은 간단한 표기법을 이용할 수도 있다. 소괄호는 증감 정도를 나타내고, 대괄호는 개수를 뜻한다. 예시로 아래 표를 참고하여 편리한 방식을 사용하면 된다.

표기법 이용	숫자로 나열
1-5	1, 2, 3, 4, 5
1-5 (+2)	1, 3, 5
10-5 (-3)	10, 7
1-3 (+0.5)	1, 1.5, 2, 2.5, 3
1-10 [5]	1, 3, 5, 7, 10
0.0-1.0 [6]	0.0, 0.2, 0.4, 0.6, 0.8, 1.0

X, Y, Z 항목을 다 입력했다면 [Generate] 버튼을 클릭하여 그림을 생성해보자. 시스템 성능에 따라 상당히 오래 시간이 걸릴 수 있으며, 프롬프트 구성에 따라 시스템에 멈추는 등 문제가 발생할 수도 있다.

축이 2개라면 하나의 그리드에 모두 정리되겠지만, 3개여서 여러 개의 그리드로 표시된다. CFG Scale을 3가지로 지정했으므로 각각을 3 ×3으로 보여주고 있다.

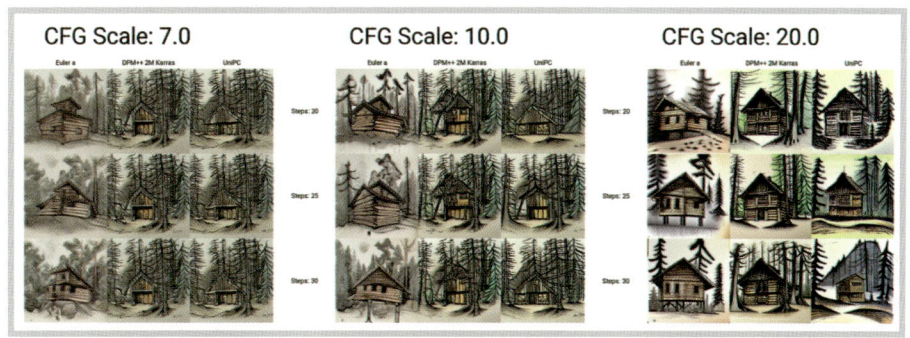

기본 화면이 결과창에는 이렇게 모든 결과를 하나로 만든 이미지를 보여준다.

'outputs 〉 txt2img-grids' 폴더에 가보면 해당 일자 폴더 아래에 그림 3개가 따로 저장되어 있는 것을 확인할 수 있다.

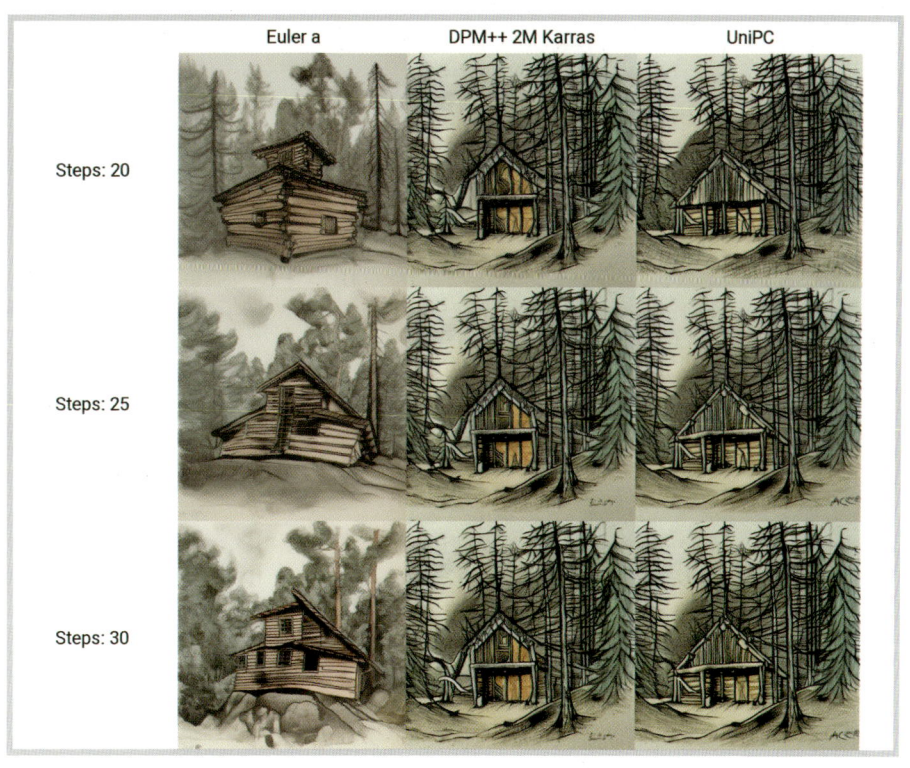

2장. 기본 이미지 생성 63

이미지를 비교해보면 알 수 있겠지만, 일일이 설정값들을 변경해 가면서 좋은 이미지를 찾는다는 것이 정말 어렵고 무모한 작업이다. 이렇게 기능을 이용해 다양한 결과들을 한 번에 수집하여 작업을 마무리하는 것이 효율적이다.

위에서 설명한 방식은 여러 설정값에 따른 결과를 비교해볼 수 있고, 개별 그림도 txt2img-images 폴더에 모두 하나씩 저장된다는 장점이 있지만, 어느 그림이 어느 설정값으로 만들어진 것인지를 확인하기가 어렵다. 이런 불편함은 사용하면서 다른 추가 기능(확장 기능)으로 보완할 수 있는지 찾아보고 적용해야 한다. 관련 추가 기능은 점차 설명하도록 하겠다.

기본 이미지를 생성하면서 그림의 크기에 대해서는 따로 언급하거나 강조하지 않았는데, 대부분의 이미지 생성 인공지능 시스템은 처음에 이미 존재하는 그림들을 입력하고 학습할 때, 가로세로의 크기가 각각 512픽셀인 정사각형 그림을 이용한다. 그림이 이보다 작으면 학습 능력이 떨어질 수 있고, 크면 시스템에 많은 부담이 될 것이므로 적절하게 선택한 크기가 이것이라고 보면 된다.

그래서 학습 모델들을 바탕으로 이미지를 생성할 때도 이 크기로 지정해주는 것이 최적이다. 이보다 작거나 크면 좋은 결과를 보장할 수 없다. 물론 어느 정도의 크기 변화를 감당하기는 하지만 가급적 이 크기와 비율을 준수하는 게 좋다. 다른 크기나 비율이 필요하다면 충분한 테스트를 하고 여러 그림을 뽑아봐야 한다. 예를 들어, 파워포인트 슬라이드의 배경으로 사용할 그림을 만든다면 512×512로는 만족스럽지 않다. 이럴 때는 일단 기본 사이즈로 이미지를 생성한 후 별도의 방법으로 화질 저하 없이 확대하도록 한다. 7장의 'Upscaling' 부분에서 이에 관해 설명하겠다.

스테이블 디퓨전으로 그림을 그리는 것은 엑셀 함수에 입력값을 주고 결과를 얻는 방식과 완전히 다르다는 점을 이해해야 한다. 즉, 입력 내용이 같아도 매번 다른 결과가 나온다. 학습한 모델과 이미지를 구성하는 알고리즘에 기반하여 인공지능이 작업을 수행할 때마다 매번 새롭게 '상상'하여 결과물을 만든다는 점을 잘 알아야 한다.

🎨 img2img 방식

지금까지 살펴본 txt2img 방식은 말 그대로 원하는 이미지의 내용을 글로 표현하면 이를 바탕으로 인공지능이 알아서 새로운 이미지를 만드는 것이다. 이 때 글로 표현되지 않은 이미지의 나머지 부분은 인공지능이 스스로 판단해 채워넣는다. 그렇다고 사용자가 원하는 이미지 내용을 일일이 글로 표현한다는 것도 한계가 있다.

그래서 생각해볼 수 있는 방법이 그림을 하나 보여주고 이를 참고해서 새로운 그림을 그리도록 하는 것이다. 이런 방식을 img2img^{image-to-image}라고 한다.

이번 절에서는 다음의 참조 이미지로 호랑이 이미지를 만들어보면서 img2img 방식을 알아보겠다.

그전에 먼저 다음의 프롬프트와 설정으로 생성한 이미지를 보자.

- 프롬프트: "a picture of a tiger in the jungle"
- 모델: v2-1_512-ema-pruned • Sampling method: Euler a
- Sampling steps: 25 • Batch count: 6

시도할 때마다 다른 이미지가 나오겠지만, 일단 다음과 같은 이미지 6장을 얻을 수 있다. 프롬프트에 맞게 호랑이가 다양한 구도로 등장한다.

이제 같은 프롬프트와 조건에, 앞에서 제시한 사진을 참고해 이미지를 만들어보자.

이미지를 생성한다고 해도 프롬프트는 필요하다. 프롬프트가 제시되지 않으면 원본 그림이 그대로 출력된다.

먼저 다음 화면과 같이 web UI의 ❶[img2img] 탭으로 이동한다. 그러면 페이지 중간에 img2img, Sketch 등 여러 탭이 보인다. 그 가운데서 ❷[img2img] 탭을 선택한다.

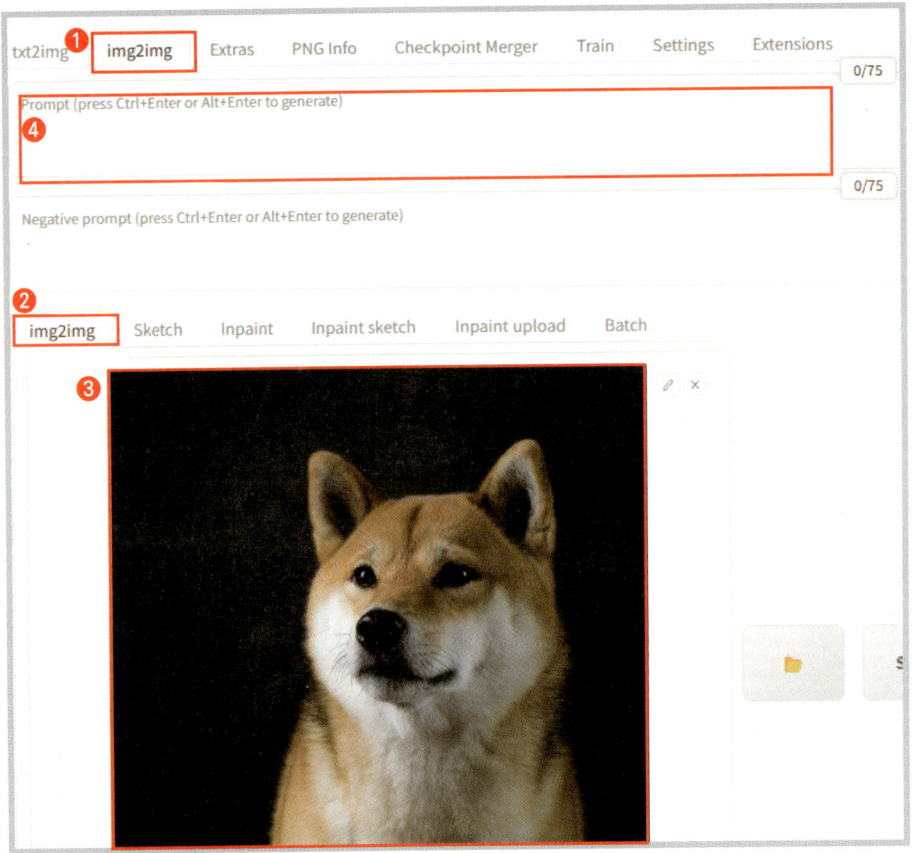

❸ [img2img] 창에 참고용 이미지를 마우스로 끌어오거나 빈 부분을 클릭해 이미지 파일을 불러온다. 다른 설정 사항이 없다면 ❹에 프롬프트를 입력하면 된다. 지금은 앞서 쓴 것과 동일하게 "a picture of a tiger in the jungle"를 프롬프트로 써 보자.

다른 설정이 있다면 설정을 추가한 후 생성 작업을 진행하면 되고, 설정 사항이 없다면 바로 이미지를 생성하면 된다. 지금은 다른 설정은 하지 말고 일단 결과 이미지를 6장 얻기 위해 'Batch count'에 '6'만 입력해보겠다.

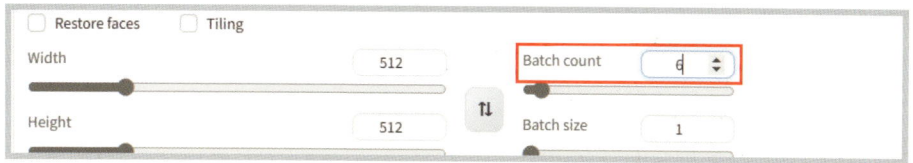

다음은 이렇게 해서 생성된 결과 이미지이다. 확실히 txt2img 방식보다 모든 그림의 구성, 구도가 일관되게 나타나는 것을 확인할 수 있다. 원본 그림과 비슷하게 유지하면서 그 안에서 어느 정도의 재량으로 이미지를 형성하고 있다.

크기 조정 방식 설정

참고하는 원본 이미지와 다른 크기로 그림을 생성해야 할 때가 있다. 그럴 때 크기 조정 방식 Resize mode을 활용한다. 이는 참고하는 원본 이미지의 크기와 결과로 얻고 싶은 이미지의 크기가 다르다면 어떻게 처리하고 싶은지를 결정하는 것이다.

4가지 설정 사항이 있는데 각각의 기능은 다음과 같다.

- Just resize: 단순 크기 조정으로, 원본 이미지의 크기를 결과 이미지에 지정된 크기로 단순하게 늘리거나 줄인다. 서로 비율이 다르다면 전체 이미지의 가로세로 비율이 달라져 찌그러진 이미지가 된다. 별로 권장하지 않는 옵션이다.
- Crop and resize: 이미지를 자른 후 크기를 조정하는 기능이다. 기존 이미지의 비율을 유지하면서 결과 이미지에 빈 공간이 생기지 않도록 적당하게 큰 그림에서 위아래를 잘라내는 방식으로 이미지를 만든다. 가장 권장하는 방식이다.
- Resize and fill: 이미지 크기를 조정 후 배경을 채우는 기능이다. 일단 원본 이미지의 비율로 결과 이미지 공간을 채운 후 빈 곳을 알아서 채운다. 보통 경계 부분의 픽셀을 잡아당겨 빈 곳을 채우는 방식이라 이미지 품질이 크게 떨어질 수 있다. 단순히 빈 공간이 생기지 않는다는 특징이 있다. 그렇게 권장할 만한 옵션은 아니다.
- Just resize(latent upscale): 스테이블 디퓨전 같은 생성형 모델에서는 'latent'라는 용어가 수시로 등장한다. 주로 '잠재적'으로 번역해 사용하기도 한다. 단순하게

는 '숨어 있다, 은닉되어 있다'는 의미로 이해할 수 있는데, 다소 어려운 개념이다. 깊이 있는 이해는 딥 러닝(심층 학습)과 관련한 서적 등을 참고하라. 아무튼 이 말이 나온다면 이는 시스템이 어떤 결과를 생성하기 위해 직접 가시적으로 관찰할 수 없는 부분이어도, 데이터나 데이터 집합 속에 숨어 있는 구조나 패턴 등을 잡아내는 것이라고 이해하면 된다. 'latent upscale'의 경우 이미지를 단순하게 잡아당겨 크기를 맞추는 것이 아니라 적절하게 뭔가 생각하고 상상하면서 일을 한다는 의미라고 보면 된다. 비교적 시간이 오래 걸릴 수 있고, 그렇다고 고품질을 보장하는 것이 아니어서 선택적으로 사용하면 된다.

위에서 살펴본 예시에서는 원본과 결과 이미지의 크기가 모두 정사각형 모양이어서 Just resize나 Crop and resize나 구분할 필요는 없다. 결정하기가 어렵다면 일단 이미지를 생성한 다음 여러 가지 값으로 조정하며 확인하면 된다.

노이즈 제거 강도 설정

txt2txt 방식에서 입력한 프롬프트를 어느 정도까지 준수해야 하는지 CFG Scale로 결정하듯이, img2img 방식에서는 원본 이미지를 최대한 보존할 것인지 참고만 하고, 시스템이 마음대로 덧칠해도 되는지를 결정하는 노이즈 제거 강도Denoising strength 설정이 있다.

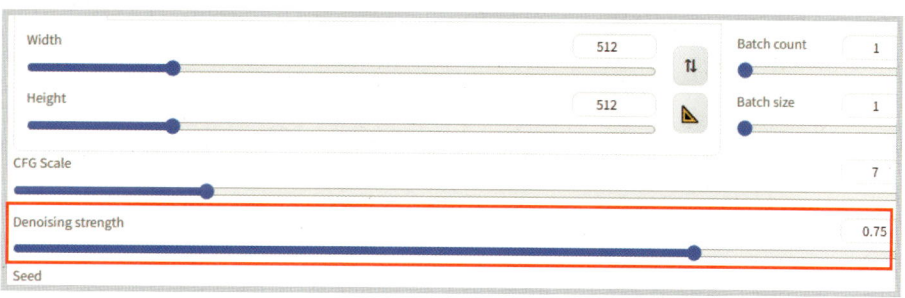

여기서도 'X/Y/Z plot'(X/Y/Z 사용법은 59쪽 참고)을 이용해 강도에 따라 이미지가 어떻게 나오는지 비교해보자. 강도가 낮을수록 원본과 비슷하고 강도가 높을수록 더 많은 효과가 추가된 것을 확인할 수 있다.

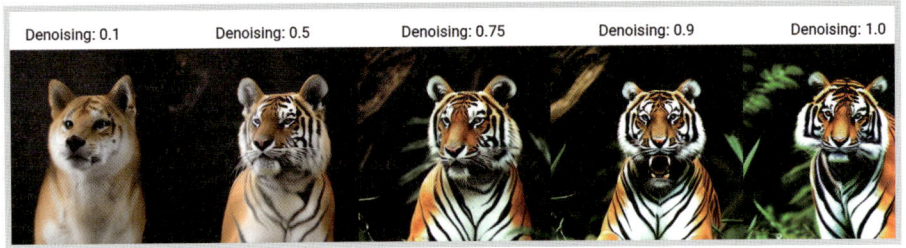

CFG Scale과 복합적으로 사용하면 이미지의 분위기를 다양하게 연출할 수 있다.

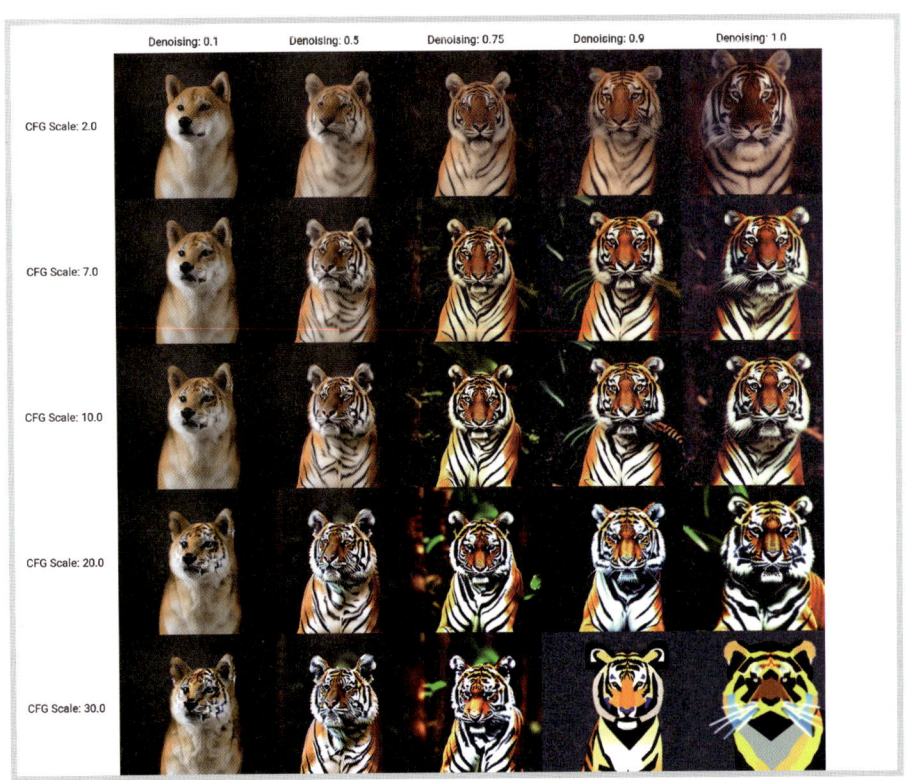

다음은 위와 같은 조건에서 'tiger'를 'house'로만 바꿔본 결과이다. 이렇게 여러 조건들을 다양하게 접목하면 그간 없던 새로운 이미지를 감각적, 창의적으로 구성할 수 있다.

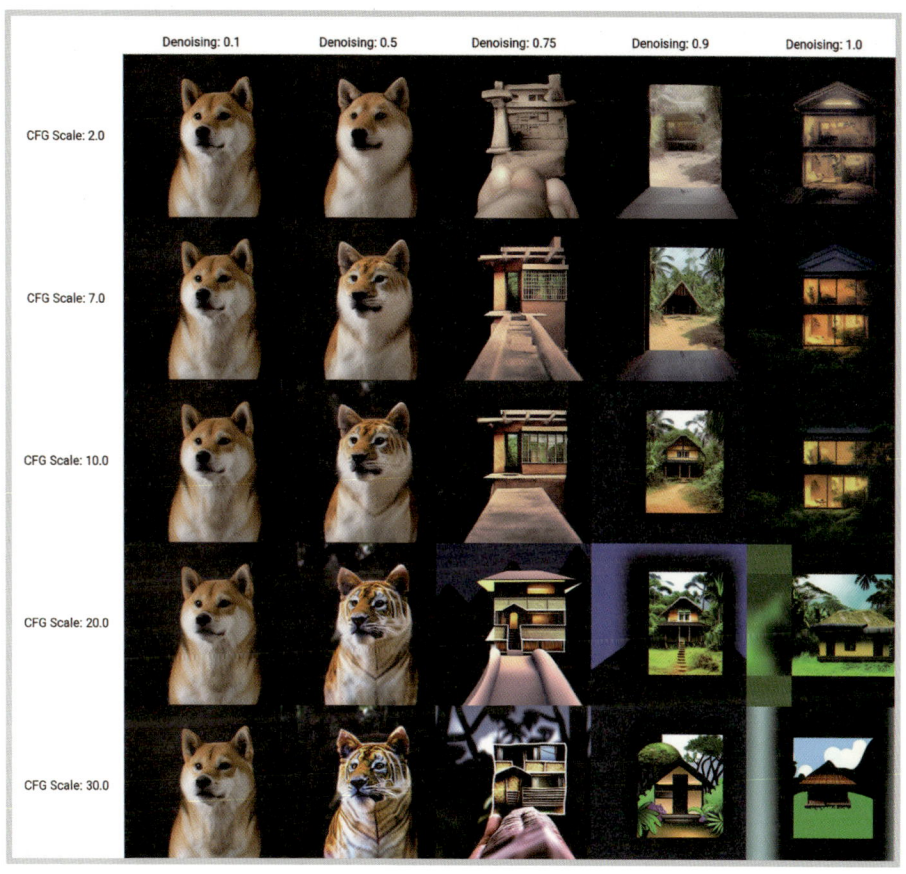

3장
프롬프트의 이해

그동안 우리가 이미지를 생성하기 위해 작성한 프롬프트를 보면 다음과 같은 모양이다.

> "a photograph of an astronaut riding a horse"
>
> "a photo of a Korean garden with a small pond"
>
> "a photo of a Korean girl and a dog standing on the beach at sunset"
>
> "an ink painting of a wooden house in the forest"
>
> "a picture of a tiger in the jungle"

이렇게 단순한 제목 수준의 프롬프트도 이미지를 생성할 수 있지만, 더 정교한 프롬프트를 사용해야 사용자가 머릿속에 그리는 결과물에 근접한 이미지를 얻을 가능성이 커진다.

그렇다고 편지나 수필을 쓰듯이 문장 형식으로 길게 내용을 표기할 경우, 생성 모델이 핵심 단어뿐 아니라 관사나 대명사, 전치사, 접속사 등도 처리하면서 혼란이 생겨 악영향을 끼칠 수 있다. 불필요한 문장 요소를 제거하면서 필요한 요소와 내용을 제시하는 프롬프트 작성 요령이 필요하다. 물론 길게 소설을 쓰듯 묘사하는 문장을 입력해도 이미지가 만들어지고, 어쩌다 뜻밖에 고품질의 이미지를 얻을 수도 있다. 그래도 일반적이고 효율적인 입력 방법을 사용하는 것을 권장한다.

프롬프트의 구성

프롬프트는 어떤 모양으로 구성하는 것이 일반적일까? 프롬프트의 일반적인 모양을 보기 위해 web UI 초기 화면에서 ❶ [img2img] 탭으로 이동하자.

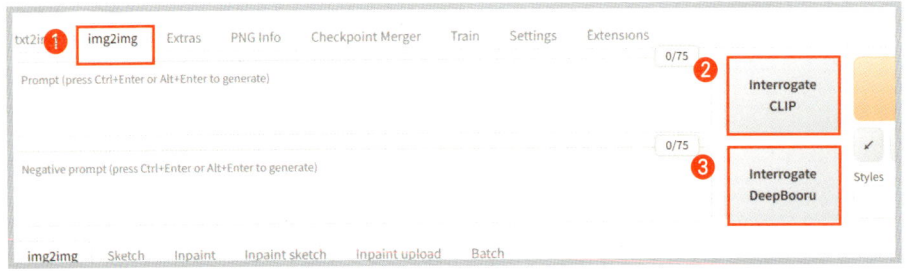

❷ [Interrogate CLIP], ❸ [Interrogate DeepBooru] 단추가 있다(txt2img 탭에는 이런 단추가 없다). 기능은 같지만, ❷는 내 PC에서 작동하는 것이고 ❸은 클라우드의 특정 서비스를 이용하는 것이다. 여기에서는 ❷를 알아보겠다.

참고로, CLIP^{Contrastive Language-Image Pre-training}, 즉 대조적 언어-이미지 사전 훈련이란 텍스트와 이미지를 인간과 유사한 방식으로 표현할 수 있는 신경망 모델로, 챗GPT로 유명한 오픈AI^{OpenAI}에 의해 개발되어 2020년에 처음으로 공개되었다. 말 그대로 텍스트와 이미지 사이의 관계를 학습하도록 설계되어 이미지를 분

류, 검색하고, 텍스트 설명을 바탕으로 거기에 맞는 이미지를 생성하는 데 사용한다.

앞에서와 같이 왼쪽 이미지를 참고한다고 하자. 이를 img2img의 이미지 삽입 상자에 넣고 프롬프트를 적는다. 'a photo of a dog'이라고만 하면 설명이 부족하다. 이보다는 더 상세한 설명을 적고 ❷[Interrogate CLIP] 단추를 클릭하면 무언가 처리 과정이 진행된다.

시간이 좀 걸릴 수 있다. 어느 정도 기다리면 프롬프트 상자에 다음과 같이 내용이 채워진다.

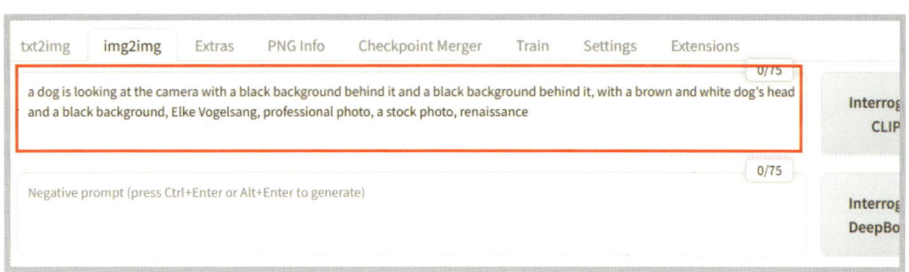

위 내용을 적으면 아래와 같다.

> "a dog is looking at the camera with a black background behind it and a black background behind it, with a brown and white dog's head and a black background, Elke Vogelsang, professional photo, a stock photo, renaissance"

이것이 인공지능이 이미지를 인식하여 분석하고 표현하는 일반적인 프롬프트 방식이다. 쉼표로 구분하여 문장, 구문, 단어들이 나열되어 표현된다. 위 예시 그림 자체에는 별도의 설명이 따로 있지 않기에, 인공지능이 분석한 대로 프롬프트를 적용하면 된다. 인식을 잘못해서 엉뚱한 분석 결과를 제시하기도 하는데, 그럴 때는 사용자가 직접 수정하여 활용하면 된다.

위 프롬프트 마지막 행에 있는 'Elke Vogelsang'은 개 사진을 전문으로 촬영하는 독일의 유명한 사진작가의 이름이다. 이렇게 특정 작가의 이름을 기재하여 그 작가의 작품 스타일을 참고하도록 하기도 한다. 유명한 화가, 삽화가, 사진작가 등을 언급해서 그림의 스타일을 감각적으로 만들어낼 수 있다.

프롬프트를 구성하는 것에 정해진 법칙이 있는 것은 아니지만, 많은 개발자와 사용자들이 자신만의 경험과 노하우를 바탕으로 나름대로 좋은 방법들을 추천하고 있다. 기회가 된다면 웹 검색 등을 통해 다른 사람들의 방법을 참고해서 응용해보는 것이 가장 좋다.

이 책에서는 일반적으로 프롬프트를 구성할 때 적용할 수 있는 몇 가지 구성 요소를 확인해보자.

중심 피사체

중심 피사체란 이미지에 표현하고자 하는 중심 대상이다. 인물이라면 남녀 인물의 성별로 지정할 수도 있고, 직업이나 역할 등으로 지정할 수 있다. 배우 등 유명 연예인의 실명을 직접 거론할 수도 있으나, 이 경우 초상권 등 다른 문제가 있을 수 있으므로 해당 인물을 바탕으로 변형된 결과물을 얻는 정도로만 사용한다. 물론 동물이나 건물, 물건 등도 가능하다.

예시로 다음 그림들을 보면 중심 피사체가 무엇인지 바로 알 수 있다.

"a Korean female medical doctor"

Steps: 20, Sampler: Euler a, CFG scale: 7, Seed: 3169982801, Size: 512x512, Model hash: 15012c538f, Model: realisticVisionV51_v51VAE

"a delivery man in front of a door"

Steps: 20, Sampler: Euler a, CFG scale: 7, Seed: 971644301, Size: 512 × 512, Model hash: 88ecb78256, Model: v2-1_512-ema-pruned

작화 기법

필요한 이미지가 사진인지 그림인지를 지정한다. 보통 '실사 이미지realistic photo', '수채화watercolor painting', '유화oil painting', '파스텔화pastel painting', '디지털화digital painting' 등의 표현을 사용한다.

예시로 디지털화로 생성한 결과 이미지와 오일화로 생성한 이미지를 보자.

"a Korean female medical doctor, digital painting"

Steps: 25, Sampler: DPM++ 2S a Karras, CFG scale: 7, Seed: 1215949907, Size: 512x512, Model hash: 15012c538f, Model: realisticVisionV51_v51VAE

"a delivery man in front of a door, oil painting"

Steps: 20, Sampler: Euler a, CFG scale: 7, Seed: 449123977, Size: 512 × 512, Model hash: 88ecb78256, Model: v2-1_512-ema-pruned

스타일

전체적인 이미지의 분위기를 묘사하거나 인물의 기분, 자세 같은 것을 지정한다. '종말론적인Apocalyptic', '초현실적인superrealism', '환상적인fantastic', '팝아트 같은 pop art' 등의 표현이 사용될 수 있다.

"a Korean female medical doctor, realistic photo, cinematic, full body"

Steps: 25, Sampler: DPM++ 2S a Karras, CFG scale: 7, Seed: 1297516019, Size: 512x512, Model hash: 15012c538f, Model: realisticVisionV51_v51VAE

"a delivery man in front of a door, sketch, pop art"

Steps: 25, Sampler: DPM++ 2S a Karras, CFG scale: 7, Seed: 98650821, Size: 512 × 512, Model hash: 88ecb78256, Model: v2-1_512-ema-pruned

상세 묘사

같은 인물이어도 '동양인 Asian', '한국인 Korean', '덩치가 큰 bulky' 등의 표현이 가능하다. 다른 단어들을 더욱 강조하거나 특정하는 표현을 사용한다.

"a beautiful Korean female medical doctor, glasses, realistic photo, cinematic, full body"

Steps: 25, Sampler: DPM++ 2S a Karras, CFG scale: 7, Seed: 2781506285, Size: 512x512, Model hash: 15012c538f, Model: realisticVisionV51_v51VAE

"a Korean delivery man in front of a door, motorcycle, lineart, futuristic"

Steps: 25, Sampler: DPM++ 2S a Karras, CFG scale: 7, Seed: 1282107678, Size: 512 × 512, Model hash: 88ecb78256, Model: v2-1_512-ema-pruned

색상

이미지의 전체적인 색상을 지정한다. 조명과 같이 사용하면 색다른 분위기의 이미지를 만들 수 있다. '금빛 톤golden tone', '파란색 톤blue tone' 등 원하는 색감에 'tone'을 붙이면 된다.

"a beautiful Korean female medical doctor, glasses, realistic photo, cinematic, full body, golden tone"

Steps: 25, Sampler: DPM++ 2S a Karras, CFG scale: 7, Seed: 4119120624, Size: 512x512, Model hash: 15012c538f, Model: realisticVisionV51_v51VAE

"a Korean delivery man in front of a door, motorcycle, lineart, futuristic, blue tone"

Steps: 25, Sampler: DPM++ SDE Karras, CFG scale: 7, Seed: 1026957222, Size: 512×512, Model hash: 88ecb78256, Model: v2-1_512-ema-pruned

조명

명암을 지정할 수 있다. '스튜디오 조명studio lighting', '연극 무대 조명cinematic lighting', '은은한 조명soft lighting' 등의 표현을 쓰면 된다.

"a beautiful Korean female medical doctor, glasses, realistic photo, cinematic, full body, golden tone, dim lighting"

Steps: 25, Sampler: DPM++ 2S a Karras, CFG scale: 7, Seed: 2810529599, Size: 512x512, Model hash: 15012c538f, Model: realisticVisionV51_v51VAE

"a Korean delivery man in front of a door, motorcycle, lineart, futuristic, blue tone, studio lighting"

Steps: 25, Sampler: DPM++ SDE Karras, CFG scale: 7, Seed: 3859011045, Size: 512×512, Model hash: 88ecb78256, Model: v2-1_512-ema-pruned

해상도

더 선명한 이미지를 위해 추가한다. '4K', '8K', 'UHD' 등의 표현을 적용한다.

"a beautiful Korean female medical doctor, glasses, realistic photo, cinematic, full body, golden tone, dim lighting, UHD, 8K"

Steps: 25, Sampler: DPM++ 2M SDE Karras, CFG scale: 7, Seed: 2622188408, Size: 512x512, Model hash: 15012c538f, Model: realisticVisionV51_v51VAE

"a Korean delivery man in front of a door, motorcycle, lineart, futuristic, blue tone, studio lighting, 4K, highly detailed"

Steps: 25, Sampler: DPM++ 2S a Karras, CFG scale: 7, Seed: 933083191, Size: 512×512, Model hash: 88ecb78256, Model: v2-1_512-ema-pruned

예술가, 작가 실명

유명한 화가나 사진작가의 실명을 써 해당 작가 스타일의 이미지를 유도할 수 있다.

"a beautiful Korean female medical doctor, glasses, realistic photo, cinematic, full body, golden tone, dim lighting, UHD, 8K, by Stanley Artgerm Lau"
Steps: 25, Sampler: DPM++ 2M SDE Karras, CFG scale: 7, Seed: 2051693721, Size: 512x512, Model hash: 15012c538f, Model: realisticVisionV51_v51VAE

"a Korean delivery man in front of a door, motorcycle, lineart, futuristic, blue tone, studio lighting, 4K, highly detailed, by van Gogh"
Steps: 25, Sampler: DPM++ 2S a Karras, CFG scale: 7, Seed: 3524669516, Size: 512 × 512, Model hash: 88ecb78256, Model: v2-1_512-ema-pruned

이미지 전문 웹 사이트

다양한 사진이나 그래픽을 대량으로 보유하고 일반 사용자에게 무료 또는 유료로 제공하는 웹 사이트들이 많다. 이름 있는 곳들은 자료들의 품질이 우수하고, 나름대로 독특한 스타일을 보유한 곳도 있다. 이런 사이트의 이름을 써 더 전문적으로 보이는 이미지를 만들 수 있다. Artstation(www.artstation.com)이나 Deviant Art(www.deviantart.com)를 참조하도록 'artstation', 'deviant art' 등을 입력한다.

"a beautiful Korean female medical doctor, glasses, realistic photo, cinematic, full body, golden tone, dim lighting, UHD, 8K, by Stanley Artgerm Lau, artstation"
Steps: 25, Sampler: DPM++ 2M SDE Karras, CFG scale: 7, Seed: 177374959, Size: 512x512, Model hash: 15012c538f, Model: realisticVisionV51_v51VAE

"a Korean delivery man in front of a door, motorcycle, lineart, futuristic, blue tone, studio lighting, 4K, highly detailed, by van Gogh, deviant art"
Steps: 25, Sampler: DPM++ 2S a Karras, CFG scale: 7, Seed: 530688966, Size: 512×512, Model hash: 88ecb78256, Model: v2-1_512-ema-pruned

이렇게 단순한 프롬프트보다 필요한 내용을 정교하게 작성한 프롬프트가 전반적으로 더 나은 결과를 생성할 수 있다. 그러나 입력한 키워드가 상반되는 내용이거나, 연관성이 떨어지거나, 설명이 너무 장황하다면 역효과가 날 수 있다. 앞에서도 말했지만, 영어로 입력해야 하는 표현을 작성할 때, 영어에 자신이 없다면, 자동 번역 서비스를 이용해도 괜찮다. 문법이나 철자가 조금 틀려도 인식률이 나쁘지 않다.

다음은 좋은 프롬프트 사례이다. 설정은 다양하게 시도해보길 권한다.

- 프롬프트: "a digital illustration of a steampunk library with clockwork machines, 4k, detailed, trending in artstation, fantasy vivid colors"
- 설정: Steps: 25, Sampler: DPM++ 2S a Karras, CFG scale: 7, Seed: 1290918116, Size: 512×512, Model hash: 88ecb78256, Model: v2-1_512-ema-pruned

- 프롬프트: "a beautiful Korean garden, small pond, anime, oil painting, high resolution, cottage-core, ghibli inspireds, 4k"
- 설정: Steps: 25, Sampler: DPM++ 2S a Karras, CFG scale: 7, Seed: 2174366640, Size: 512×512, Model hash: 88ecb78256, Model: v2-1_512-ema-pruned

이 프롬프트로 각각 다음과 같은 이미지가 생성되었다.

🎨 특정 표현에 가중치 사용하기

이와 같이 프롬프트는 구성 요소를 설명하는 단어나 구문, 문장 등을 나열한 형태를 띠게 된다. 여러 개의 표현이 나열된 경우 원칙적으로는 나열한 순서가 우선순위를 나타낸다고 볼 수 있으나, 일반적으로는 큰 차이가 없는 것으로 보인다. 그래서 특별하게 강조하고 싶은 표현이 있다면 1을 기준으로 반영 정도를 지정하는 것이 확실하다. '1'보다 작은 값이면 덜 중요하게 생각하라는 의미가 되고 '1'보다 크다면 더 중요하게 생각하라는 의미가 된다.

가중치는 '0.5', '0.75', '1.8'과 같이 소수로 표현하고, 대상이 되는 표현 뒤에 콜론(:)과 숫자를 적고 괄호로 감싸면 된다. 예를 들어 "rabbit, turtle, beautiful Korean garden, sunny day, flowers, cinematic lighting"라는 프롬프트에서 'rabbit'을 강조하고 싶다면, '(rabbit:0.5), (rabbit:1.5)'와 같은 식으로 쓰는 것이다.

숫자로 표현하니 정교한 듯 보이지만, 대략적인 중요도만 결정한다고 생각하는 것이 좋다. 수치를 지정하는 방식 이외에 괄호 '()'와 대괄호 '[]'를 이용하는 방법도 있다. 괄호는 키워드를 강조하고, 대괄호는 키워드를 약화시킨다. 참고로 괄호를 사용했을 때 숫자의 의미를 예시로 들어보았으니 다음 표를 참고하자.

괄호와 대괄호 사용	숫자로 표현
(keyword)	(keyword:1.1)
((keyword))	(keyword:1.21)
(((keyword)))	(keyword:1.33)
[keyword]	(keyword:0.9)
[[keyword]]	(keyword:0.81)
[[[keyword]]]	(keyword:0.73)

이렇게 숫자와 대괄호를 사용하는 방법 외에도, 강조하고 싶은 표현을 선택한 다음 〈Ctrl〉 키와 화살표를 사용하는 방법도 있다. 〈Ctrl〉 키와 윗 방향 화살표 키를 한 번씩 누르면 자동으로 괄호가 입력되고, 가중치가 0.1씩 증가하도록 할 수 있다. 〈Ctrl〉 키와 아래 방향 화살표 키를 누르면 0.9부터 0.1씩 내려간다.

숫자의 범위는 음수(-)도 가능하고 상한 하한 제한은 없다. 다만 경험적으로는 0.1부터 1.5 사이에서 결정하는 것이 좋다. 숫자나 괄호를 입력하든, 키보드 키를 쓰든 대략적인 수준을 생각하고 편한 방법을 사용하면 된다.

다음은 같은 프롬프트와 설정에서 가중치만 조정해서 생성해본 이미지들이다.

- 프롬프트: "rabbit, turtle, beautiful Korean garden, sunny day, flowers, cinematic lighting"
- 설정: Steps: 25, Sampler: DPM++ 2S a Karras, CFG scale: 7, Seed: 3663726714, Size: 512×512, Model hash: 88ecb78256, Model: v2-1_512-ema-pruned

만약 토끼에게 가중치를 0.5를 주고 싶다면, 아래과 같이 프롬프트를 쓴다.

"(rabbit:0.5), urtle, beautiful Korean garden, sunny day, flowers, cinematic lighting"

🎨 키워드 합성

방금 살펴본 가중치를 조정하는 것 외에도, 대괄호를 이용해 2개의 키워드를 합성하는 효과를 만들 수 있다. 예를 들어, 대괄호 안에 '키워드 A: 키워드 B: 0.4'라고 쓰면, 앞에 있는 키워드 A를 0.4, 뒤에 있는 키워드 B를 0.6 반영한다. 가중치는 0부터 1사이의 소수를 사용할 수 있다. 그러나 '0'이나 '1'은 반영하지 말거나 100% 반영하라는 의미이므로 합성의 효과가 없다. 다음 모차르트Mozart와 베토벤Beethoven 키워드를 합성해본 예시 이미지를 보면 이해에 도움이 될 것이다.

[Mozart: Beethoven: 0.1]

[Mozart: Beethoven: 0.5]

[Mozart: Beethoven: 0.9]

부정 프롬프트 Negative Prompt

이렇듯 원하는 이미지를 얻기 위해 프롬프트를 적절하게 작성하는 것이 무엇보다 중요하다. 그렇지만 강조해 말하듯이, 생성형 인공지능은 같은 입력에 같은 출력을 보여주지 않는다. 학습한 데이터를 바탕으로 프롬프트에 맞게 점들을 구성해 나가면서 이미지를 생성하기 때문에 인간인 우리가 보기에는 미적으로나 구조적으로, 물리적으로 이해할 수 없는 결과물이 나오기도 한다. 또한 우리가 일부러 의도해서 프롬프트에 명시하지 않은 요소들을 인공지능 스스로 판단해 집어넣어 품질이 떨어지는 이미지가 나오기도 한다.

이를 방지하는 방법 중 하나가 바로 부정 프롬프트를 활용하는 것이다. 부정 프롬프트에는 사용자가 의도적으로 이미지 생성에 배제하고자 하는 내용을 지정한다. 정말 등장하지 않아야 하는 특정 물체를 지정할 때도 사용할 수 있지만, 주로 인체가 이상하게 나타나지 않도록 하는 데 사용한다.

생성형 인공지능의 특성상 사람을 표현할 때 팔이나 다리가 3개 등장하거나, 손가락이 6개, 7개로 나타날 수 있다. 팔다리 관절의 방향이 엉뚱하게 묘사되기도 한다. 특히, 손가락을 실제와 똑같이 표현하는 것은 지금도 숙제이다. 최근 업데이트된 스테이블 디퓨전에서는 이 부분이 어느 정도 보완이 되었다고 하고, 앞으로 더욱 자연스럽게 표현되는 방향으로 업데이트 될 것이다. 하지만 근본적으로 해결되기 전까지는 부정 프롬프트를 활용해 오류를 줄이도록 한다.

이러한 부정 프롬프트는 많은 사용자들이 경험적으로 사용해보고 공유하거나, 특정 생성 모델의 제작자가 추천하는 것들을 추려 사용하게 된다. 하지만 긍정 프롬프트와 마찬가지로 부정 프롬프트 역시 사용자가 제시한 키워드를 100% 반영한다고 장담하기는 어렵다. 생성 모델에 따라서는 부정 프롬프트가 전혀 통하지 않거나 오히려 역효과를 가져오기도 한다. 항상 경험에 의존할 수밖에 없으며, 딱히 자신이 확정해 놓은 부정 프롬프트가 없다면 이 책에서 제시한 부정 프롬프트를 시도해보고,

필요에 따라 키워드를 가감하면서 사용해보자.

부정 프롬프트는 기존 프롬프트 아래 'Negative prompt'에 기입하면 된다.

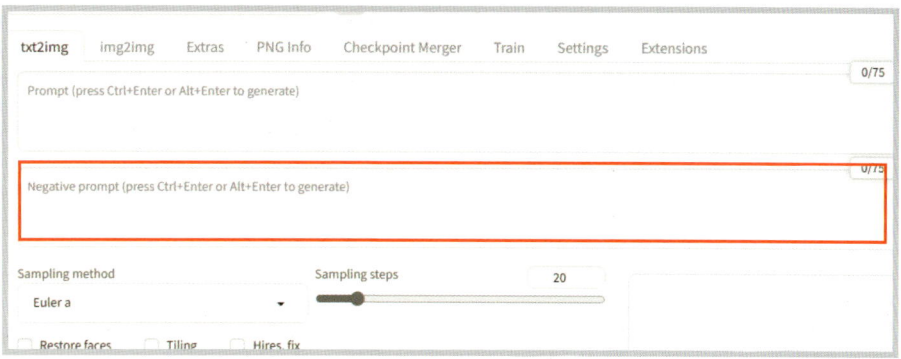

특정 물건을 배제하기 위한 것이라면 그 물건의 이름을 적으면 된다. 품질이 떨어지는 인체 구성이나 화질을 방지하기 위해서라면 일반적으로 많이 사용하는 부정 프롬프트를 참고해보자. 아래는 자주 사용되는 프롬프트의 예시이다. 아래 프롬프트를 적용하면서 단어의 의미를 찾아보면서 결과 이미지와 비교해보는 것도 부정 프롬프트 이해에 도움이 될 것이다.

• 부정 프롬프트 1

ugly, tiling, poorly drawn hands, poorly drawn feet, poorly drawn face, out of frame, extra limbs, disfigured, deformed, body out of frame, bad anatomy, watermark, signature, cut off, low contrast, underexposed, overexposed, bad art, beginner, amateur, distorted face

• 부정 프롬프트 2

(deformed iris, deformed pupils, semi-realistic, cgi, 3d, render, sketch, cartoon, drawing, anime:1.4), text, close up, cropped, out of frame, worst quality, low quality, jpeg artifacts, ugly, duplicate, morbid, mutilated, extra fingers, mutated hands, poorly drawn hands, poorly drawn face, mutation, deformed, blurry, dehydrated, bad anatomy, bad proportions, extra limbs, cloned face, disfigured, gross proportions, malformed limbs, missing arms, missing legs, extra arms, extra legs, fused fingers, too many fingers, long neck

- 부정 프롬프트 3

(deformed iris, deformed pupils, semi-realistic, cgi, 3d, render, sketch, cartoon, drawing, anime, mutated hands and fingers:1.4), (deformed, distorted, disfigured:1.3), poorly drawn, bad anatomy, wrong anatomy, extra limb, missing limb, floating limbs, disconnected limbs, mutation, mutated, ugly, disgusting, amputation

- 부정 프롬프트 4

ugly, badly drawn hands, badly drawn legs, bad teeth, weird teeth, missing teeth, badly drawn face, out of frame, extra limbs, disfigured, deformed, body out of frame, blurry, bad anatomy, blurry, watermark, grainy, caption , cut, drawing, weapon, tile, deformed, blurred, bad anatomy, mutilated, badly drawn face, mutation, mutated, extra limb, ugly, badly drawn arms, missing limb, blurry, floating limbs, severed limbs, deformed arms, blur , out of focus, long neck, long body, mutated hands and fingers, out of frame, 2 heads, elongated body, 2 faces, cropped image, draft, deformed hands, captions, big hair, crooked fingers, double image, long neck, deformed arms, deformed legs, multiple heads, extra limb, badly drawn arms, missing limb, mutilated, circumcised, ugly, oversaturation, wrinkles or cuts on the body, draft, heterochrony, drooping eyelids, funny faces, plastic hair, deformed nails, deformed body parts

부정 프롬프트 역시 상세하고 길게 작성했다고 좋은 품질을 보장하는 것은 아니다. 다른 사용자들의 경험을 참고하여 자신만의 부정 프롬프트를 만들어 두는 것도 좋다. 아직 자신만의 부정 프롬프트가 없다면 위에 제시한 내용을 그대로 또는 가감하여 사용하면 된다.

대부분의 경우 부정 프롬프트를 쓰는 것이 이미지의 품질을 높이는 데 많은 도움을 준다. 그러나 모델에 따라서 부정 프롬프트를 쓰지 말 것을 권고하는 경우도 있어서 사용하는 생성 모델에 따라 판단해야 한다.

동일한 프롬프트를 기준으로 각기 다른 프롬프트를 적용한 결과 이미지들을 비교해보는 것도 도움이 될 것이다.

- 프롬프트: "a beautiful Korean female medical doctor, RAW photo, highly detailed skin, 8k uhd, dslr, studio lighting, high quality, film grain, Fujifilm XT3"
- 설정: Steps: 20, Sampler: DPM++ 2S a Karras, CFG scale: 7, Seed: 2902530404, Size: 512 × 512, Model hash: 15012c538f, Model: realisticVisionV51_v51VAE

이제 다음의 프롬프트를 기준으로 부정 프롬프트를 쓰지 않은 경우와 앞에서 예로 든 부정 프롬프트들을 적용한 이미지들을 차례대로 살펴보자.

3장. 프롬프트의 이해

자주 쓰는 프롬프트 재사용

여러 번 작업하면서 이미지마다 프롬프트를 작성하다 보면 즐겨 쓰는 키워드들이 생긴다. 이를 위해 주로 사용하는 프롬프트를 저장해두고 필요할 때 꺼내 사용할 수 있는 기능이 있다. 몇 개의 이미지 패턴을 모아 두고 이미지의 주요 피사체만 변경해 사용하는 경우도 있다.

예를 들어, 아래와 같은 프롬프트를 이용해 주로 실사 이미지를 생성한다고 해보자.

> • 긍정 프롬프트
> {prompt}, RAW photo, (high detailed skin:1.2), 8k uhd, dslr, soft lighting, high quality, film grain, Fujifilm XT3
>
> • 부정 프롬프트
> (deformed iris, deformed pupils, semi-realistic, cgi, 3d, render, sketch, cartoon, drawing, anime:1.4), text, close up, cropped, out of frame, worst quality, low quality, jpeg artifacts, ugly, duplicate, morbid, mutilated, extra fingers, mutated hands, poorly drawn hands, poorly drawn face, mutation, deformed, blurry, dehydrated, bad anatomy, bad proportions, extra limbs, cloned face, disfigured, gross proportions, malformed limbs, missing arms, missing legs, extra arms, extra legs, fused fingers, too many fingers, long neck

긍정 프롬프트 항목을 보면 '{prompt}'가 있다. 긍정 프롬프트에서 {prompt} 부분만 실제 긍정 프롬프트 창에 입력한 내용으로 대체되면서, 나머지 저장되었던 부분이 채워지는 방식을 따른다. 이런 방식을 사용해 필요한 내용으로 다양한 프롬프트를 구성해 재사용할 수 있다.

사용법을 알아보자. 우선 위의 긍정 프롬프트와 부정 프롬프트 내용을 프로그램 화면에 입력한다.

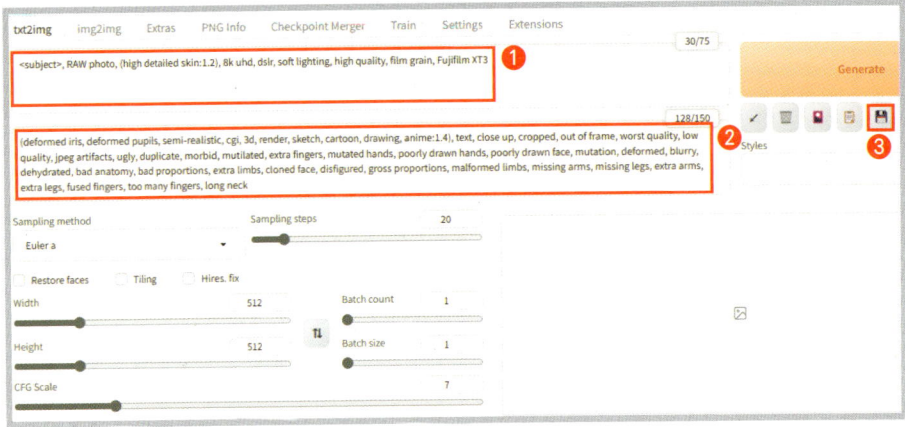

❶ 긍정 프롬프트를 입력한다.
❷ 부정 프롬프트를 입력한다.
❸ 저장 아이콘을 클릭한다.

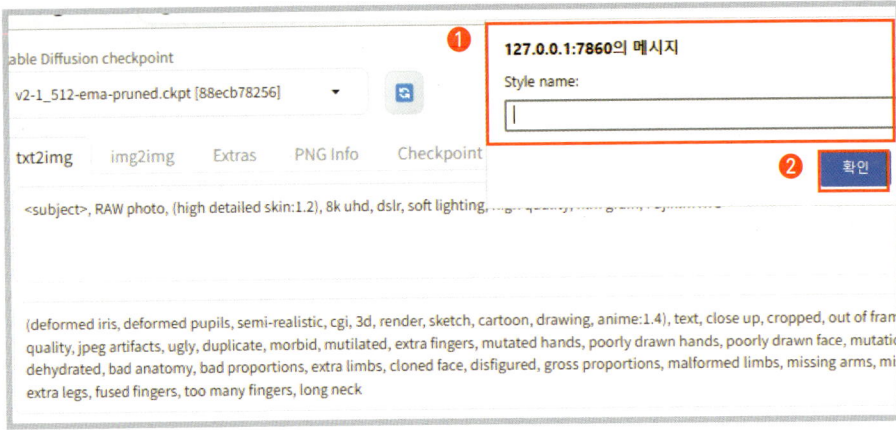

화면 상단 중앙에 'Style name:' 창이 나타나면 ❶ 적당한 이름(예: myPhoto)을 입력하고 ❷ [확인]을 누른다.

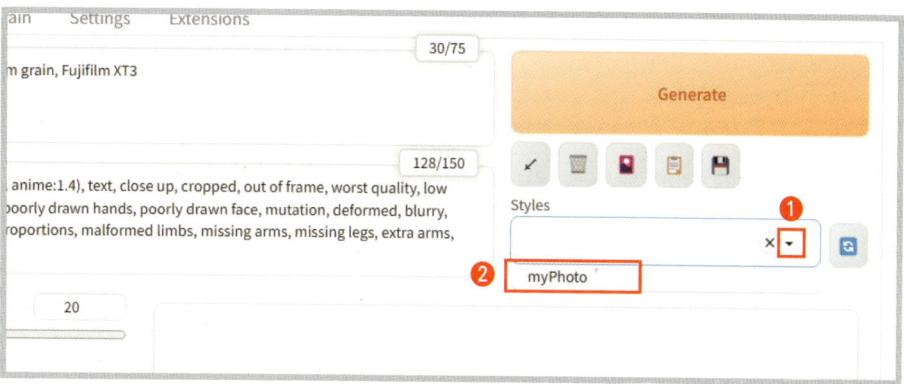

저장이 되면 우측 Styles 항목에서 ❶ 펼침 메뉴를 선택하면 ❷ 자신이 저장한 스타일을 확인할 수 있다. 스타일이 여러 개라면 목록 형태로 나타난다.

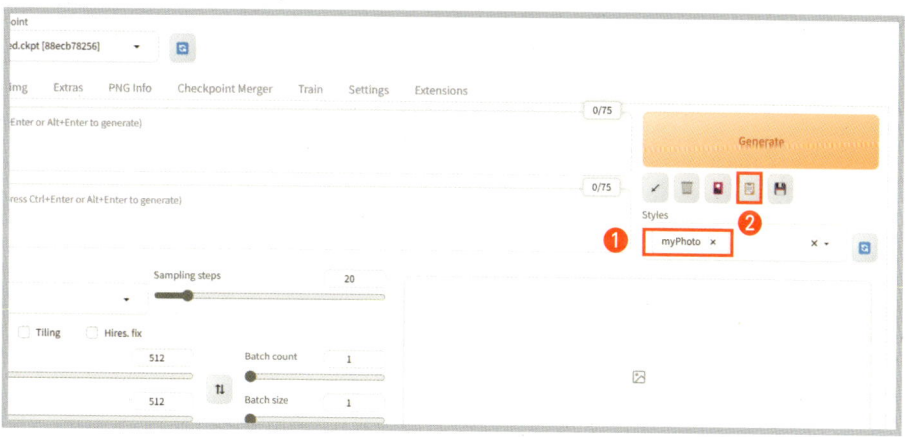

이후에 새 이미지 생성을 위해 빈 화면을 열고 이곳에서 ❶ 원하는 스타일을 선택하면 상자에 표시된다. 그다음 ❷ 적용 아이콘을 선택하면 미리 저장해둔 프롬프트가 정해진 위치에 자동으로 입력된다.

프롬프트 활용과 관련되는 5개 아이콘의 기능은 아래 표와 같다.

✎	바로 직전에 사용했던 프롬프트를 입력한다.
🗑	프롬프트 상자에 입력된 내용 삭제한다.
📕	프롬프트 활용과 관련한 추가 메뉴를 확장한다.
📋	저장한 스타일을 선택하여 프롬프트 창에 입력한다.
💾	스타일을 저장한다.

4장
생성 모델의 이해

이 장에서는 생성 모델의 개념에 대해서 알아보려 한다. 스테이블 디퓨전 자체도 이미지 생성 모델이어서 모델model이라는 용어의 쓰임이 다소 혼동될 수 있다. 또 이미지 모델에 대비해서 언어 모델이라는 것도 있는데, 우리가 여기에서 살펴보려고 하는 생성 모델은 이미지 생성에 필요한 학습 데이터와 생성 방법을 포함하고 있는 일종의 파일을 지칭한다. 체크포인트checkpoint라고도 하는데, 관련 자료나 설명을 보면 모델과 체크포인트, 두 용어를 혼용하고 있는 것을 확인할 수 있다.

지금까지 우리는 'v2-1_512-ema-pruned'라는 모델 하나만 저장해 작업해왔지만, 이런 기본 모델 이외에 많은 개발자나 사용자들이 다양한 용도에 적용할 수 있고, 독특한 결과를 생성할 수 있는 모델들을 발표하고 있다. 일반 사용자들이 개별 모델을 찾아 인터넷 여기저기를 방랑할 수는 없는 일이다. 이런 모델들을 잘 모아놓은 웹 서비스들이 있으니 이런 곳들에서 적당한 모델을 받아 사용하면 된다.

보통 시빗AI Civitai와 허깅페이스Hugging Facey의 디퓨저 갤러리Diffusers Gallery

를 많이 쓴다. 두 곳 모두에 올라와 있는 모델이 많긴 하지만, 시빗AI(https://civitai.com)를 주로 쓰고 허깅페이스의 갤러리(https://huggingface.co/spaces/huggingface-projects/diffusers-gallery)는 보조적으로 사용하는 것을 권장한다.

• 시빗AI 메인 화면

• 허깅페이스의 디퓨저 갤러리 메인 화면

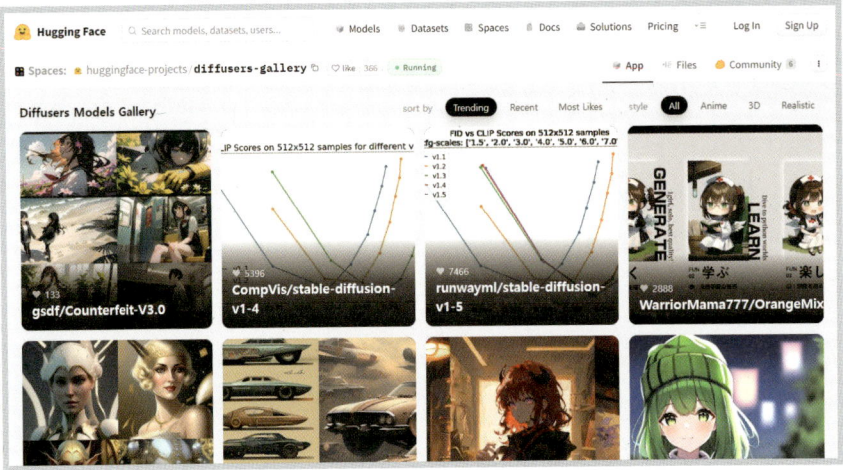

이곳에서 업무 목적이나 취향에 맞는 생성 모델 파일을 찾아 내려받는다. 하루에도 몇 번씩 새 모델이나 업데이트가 올라온다. 수많은 모델이 있고 좋고 나쁨에 특별한 기준이 있는 것은 아니지만, 특별한 취향이 없다면 다음 3개 정도를 추천한다.

- **Deliberate**: https://civitai.com/models/4823/deliberate
- **Realistic Vision V2.0**: https://civitai.com/models/4201/realistic-vision-v20
- **ReV Animated**: https://civitai.com/models/7371/rev-animated

딜리버레이트Deliberate나 리얼리스틱 비전Realistic Vision은 인물이나 동물, 각종 사물 등 다양한 객체 생성과 현실적, 비현실적 이미지 생성에 적합하다. 레브애니메이티드Rev Animated는 만화나 애니메이션 스타일의 비실사 이미지 생성에 주로 적합하다. 해당 모델의 설명 페이지에 자세한 내용이 공개되어 있고, 샘플 이미지가 다양해 이미 만들어진 프롬프트와 설정 값을 그대로 가져와 적용할 수 있다.

최신 버전이 반드시 우수한 것은 아니지만, 가급적 최신 버전을 선택하여 다운로드하는 것을 추천한다. 앞서 설명한 v2-1_512-ema-pruned.ckpt 파일을 설치한 것과 같은 방식으로 내려받으면 된다.

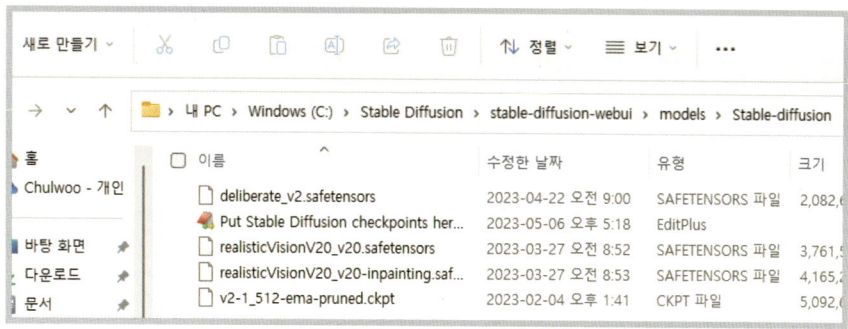

스테이블 디퓨전 설치 폴더의 'models 〉 Stable-diffusion' 폴더에 저장한다.

참고로 내려받는 모델 페이지에 해당 파일 이외에 'inpainting'이라는 이름이 붙어 있는 파일이 있다면 같이 저장하는 것이 좋다. inpainting 파일의 용도에 대해서는 나중에 설명하겠다.

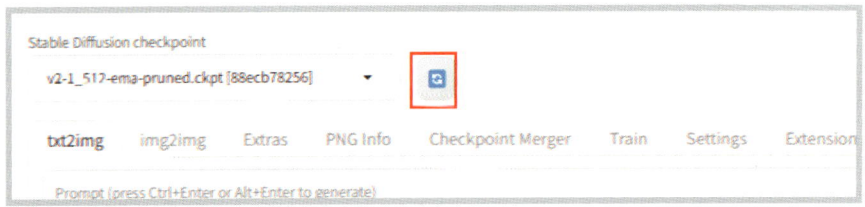

프로그램을 실행하기 전에 새 모델 파일을 저장했으면 상관없지만, 프로그램 사용 중에 모델 파일을 폴더에 추가했다면, 화면 왼쪽 상단에 있는 'Stable Diffusion checkpoint' 항목의 새로고침 아이콘을 눌러 목록을 갱신한다.

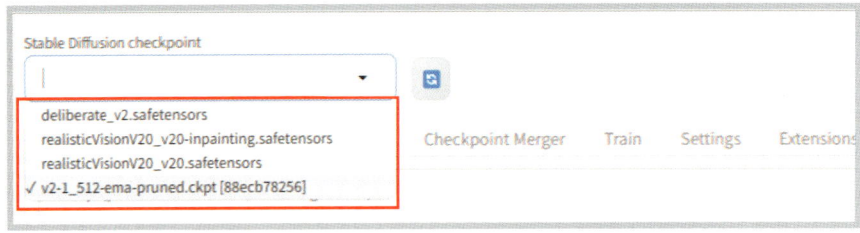

그러면 위 화면과 같이 해당 모델이 추가된 것을 확인할 수 있다.

5장
확장 프로그램 설치와 응용

스테이블 디퓨전으로 이미지를 만들 때는 기본적인 기능만으로 충분히 결과물을 생성할 수 있다. 만약 기본 기능으로 해결할 수 없거나 개선이 필요할 때는 추가 메뉴를 넣어서 사용할 수 있는데, 이를 확장Extension이라고 한다. 이번 장에서는 web UI의 기본 기능을 보완하고 조금 더 효율적으로 사용하기 위한 확장 기능에 관해 살펴보자. 필요한 확장을 찾아 설치하는 방법과 몇 가지 유용한 확장들을 알아보겠다.

확장 프로그램 검색 및 설치 방법

앞에서 살펴본 다른 프로그램들처럼 확장 프로그램도 설치하면 자동으로 'stablediffusion-webui 〉 extensions' 폴더에 저장되고, 이름을 바꾸거나 다른 드라이브로 이동해도 정상적으로 작동한다.

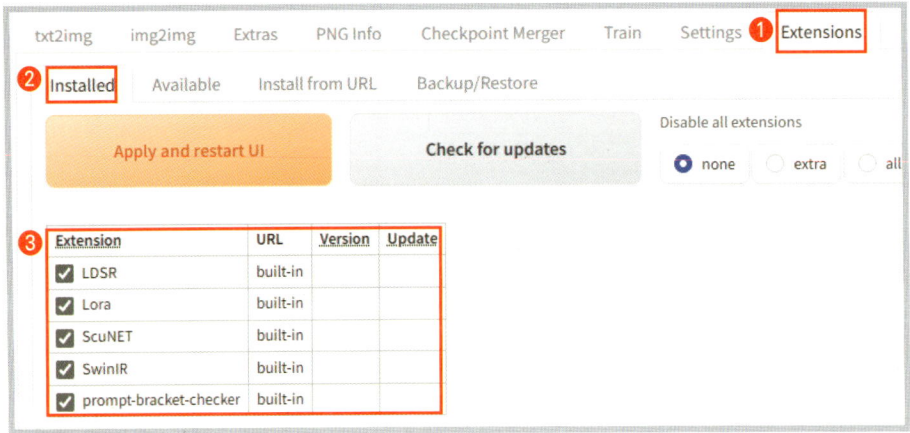

우선 ❶[Extensions] 〉 ❷[Installed] 탭을 클릭하면 나오는 페이지에서 내장되어 있는 ❸확장 기능을 볼 수 있고, 새로 확장을 추가하면 여기에서 확인할 수 있다.

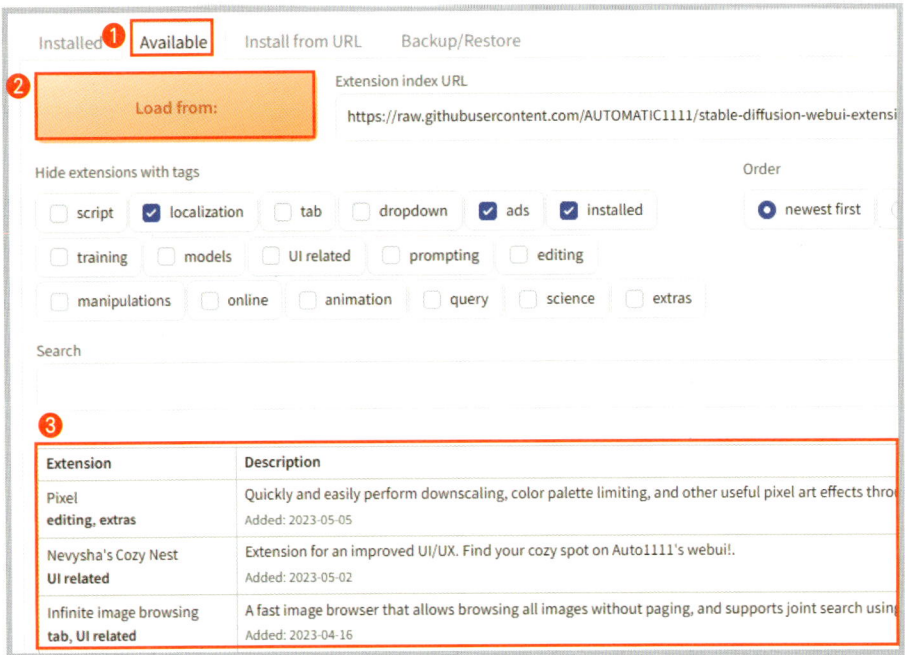

추가로 확장 기능이 필요하다면 ❶[Available] 탭으로 들어가 ❷[Load from:] 단추를 누른다. 그러면 아래로 ❸ 확장 기능 목록이 나타난다. 이 목록은 개발자가 서버에 정리해놓은 것이다. 수많은 확장들이 있는데 몇 가지 추천 확장을 소개한다.

- Aspect Ratio selector(sd-webui-ar): 이미지의 가로세로 비율을 쉽게 설정할 수 있게 한다.
- Infinity Grid Generator(sd-infinity-grid-generator-script): 앞서 다루었던 X/Y/Z plot을 대신해 사용할 수 있다.
- Image Browser(stable-diffusion-webui-images-browser): 생성한 이미지들을 파일 탐색기로 해당 폴더로 이동해 살펴봐야 하는 불편을 덜고 프로그램 화면에서 전체적으로 확인할 수 있다.
- Tag Autocomplete(a1111-sd-webui-tagcomplete): 프롬프트에서 단어 입력을 간편하게 할 수 있도록 도와준다.
- ControlNet(sd-webui-controlnet): 이미지 생성을 맞춤화할 수 있는 아주 중요한 확장이다.

참고로 위의 확장 이름 옆의 괄호 안 문구는 해당 확장이 설치된 폴더의 이름이다. 이중 ControlNet(컨트롤넷)의 설치와 사용은 8장에서 다루기로 하고 나머지 확장을 간략하게 살펴보겠다.

Aspect Ratio selector

이미지의 가로세로 비율을 자동을 설정할 수 있게 해주는 Aspect Ratio selector를 설치하기 위해 위에서 설명한 대로 [Available] 탭으로 들어가 [Load from:] 단추를 눌러 확장 파일 목록을 연다.

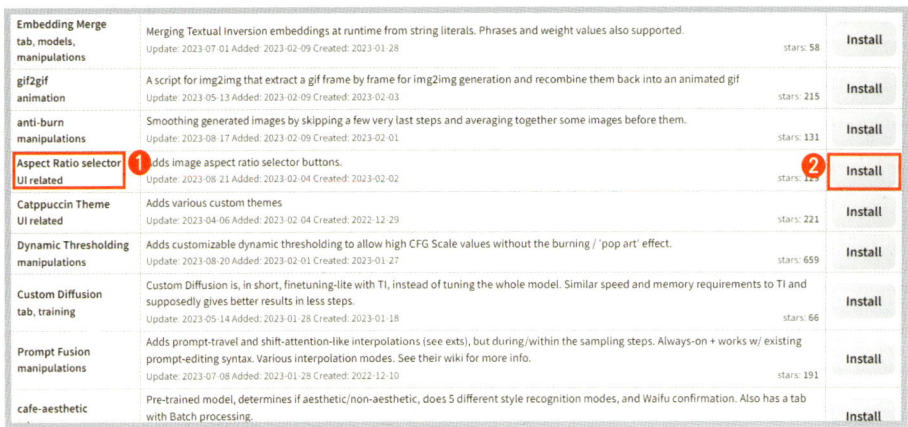

목록에서 ❶해당 파일을 찾아 ❷[Install] 단추를 누른다.

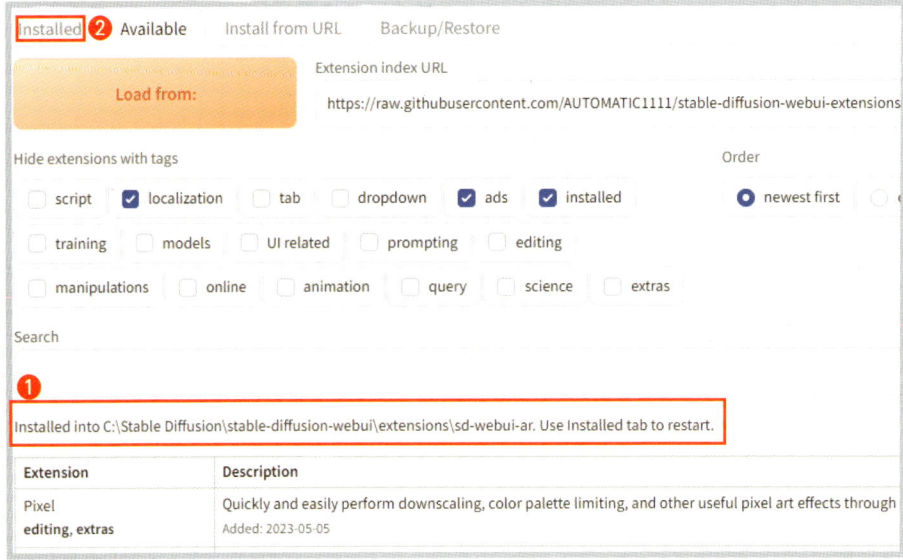

❶설치되었다는 메시지를 확인하고 ❷[Installed] 탭으로 이동하면 다음과 같이 설치한 확장이 목록에 나타난다.

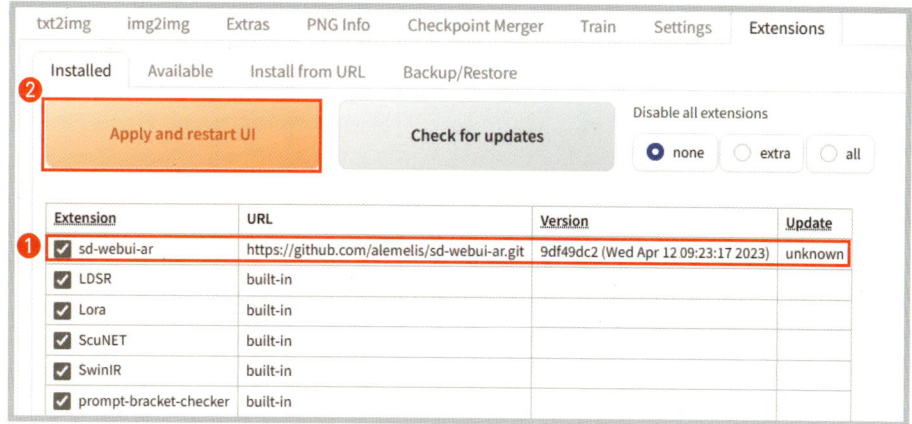

❶확장 목록에는 보이지만 아직 적용된 상태는 아니다. ❷[Apply and restart UI] 단추를 눌러 프로그램을 재실행해야 한다. 대부분의 확장들은 이런 방식으로 프로그램 재시작 후 정상적으로 작동하지만, 일부는 아예 프로그램 명령창을 닫고 수동으로 재시작해야 제대로 작동하기도 한다. 프로그램이 다시 열린 후 '[Extensions] 〉 [Installed] 탭'에서 새로 추가한 확장 기능을 확인할 수 있다.

이 확장이 적용하면 이미지 생성 페이지 하단에 다음의 ❶과 같이 이미지 크기 비율 선택 항목이 생긴다. 기본 이미지 크기는 ❷512×512로 설정되어 있다.

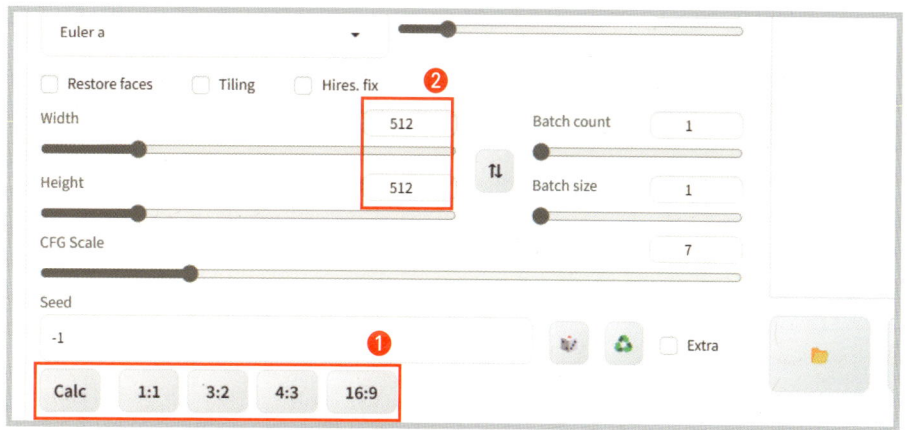

5장. 확장 프로그램 설치와 응용 111

[1:1], [3:2], [4:3], [16:9] 등의 단추를 누르면 자동으로 이미지의 크기가 조정된다. [Calc]는 사용자가 임의로 설정한 너비와 길이의 비율을 자동으로 계산해주는 기능이다. [1]은 기본값 1:1로, [2]는 3:2로, [3]은 9:16의 비율로 변환시켜준다. 여기서 비율의 기준은 기본값인 512×512(가로×세로)이다.

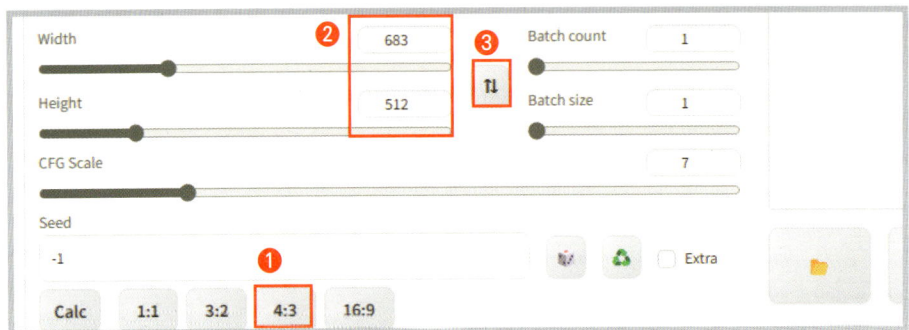

예를 들어 ❶[4:3]를 선택하면 이미지의 크기가 512×512에서 ❷683×512로 자동으로 변경된다. 물론 ❷에서 가로세로의 길이를 직접 길이를 입력하거나, 조절 버튼을 드래그해서 변경할 수도 있고, ❸을 눌러 가로세로 길이를 바꿀 수도 있다.

참고로 확장을 여러 개 추가하다 보면 확장의 위치가 위에서 본 것과 달라질 수 있다. 확장의 자세한 사용 방법은 해당 확장 프로그램의 소스 페이지(https://github.com/alemelis/sd-webui-ar)를 참고하도록 하자.

🎨 Infinity Grid Generator

앞서 3장에서 이미지를 생성할 때 여러 옵션 값들을 동시에 지정하여 다양한 결과물을 한 번에 작성하는 'X/Y/Z plot' 스크립트를 알아봤다(59쪽 참고). 이 기능 자체로도 우수하지만, 이를 조금 더 편리하게 보완한 확장이 Infinity Grid Generator이다. 확장을 설치하는 방법은 앞에서 설명한 것과 같다.

이 확장을 설치하면 X/Y/Z plot과 마찬가지로 메인 화면 하단의 'Script' 항목에 추가된다. 이 확장(스크립트)을 선택하면 다음과 같이 관련 설정 항목이 펼쳐진다. 사용 방법은 X/Y/Z plot과 비슷하다.

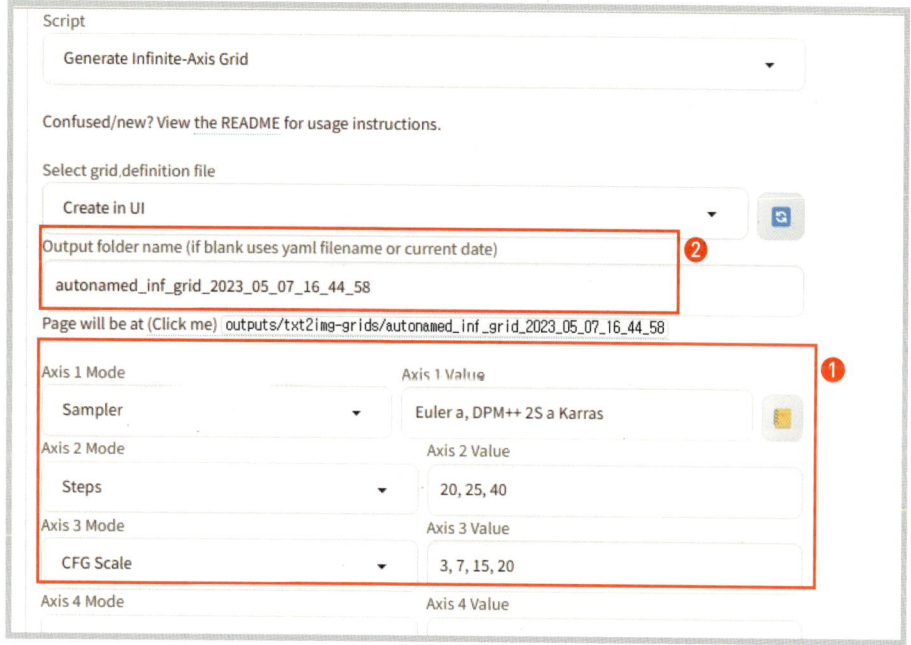

프롬프트와 조건을 입력해 나온 결과물들을 확인하는 과정을 알아보자.

다음의 프롬프트와 설정을 보자. 프롬프트를 입력한 후, ❶ 'Axis 1~ 3 Mode' 항목에 각각 다음과 같은 설정을 입력한다.

5장. 확장 프로그램 설치와 응용 113

- 프롬프트

'tranquil Korean garden, small pond, cherry blossoms, traditional pavilion, (lush greenery:1.2), (calm atmosphere:1.3), (soft light:1.1), HDR, (intricate details:1.15), (hyperdetailed:1.1)'

- 설정
- Sampler(Sampling method): Euler a, DPM++ 2S a Karras
- Steps(Sampling steps): 20, 25, 40
- CFG Scale: 3, 7, 15, 20

필요한 설정 값들을 모두 입력한 뒤에는 결과 이미지들이 저장될 ❷Output folder name을 확인해야 한다. 폴더 이름을 알아두어야 나중에 이 폴더에서 결과를 확인할 수 있다. 이름은 현재 날짜와 시각으로 기본 생성된다. 이 입력 상자에서 이름을 수정할 수 있으나 일단 그대로 사용 해보자. 이 때 주의할 점이 있는데, 한 번 이미지를 생성한 후 옵션을 달리 해서 다시 이미지를 만들 경우 폴더 이름은 자동으로 바뀌지 않으므로 사용자가 적당하게 이름을 바꿔야 한다. 그렇지 않으면 기존에 만들어진 폴더가 있어 새로운 이미지가 만들어지지 않는다.

설정 상황을 확인한 뒤에는 다음과 같이 ❶[Generate] 단추를 눌러 작업을 시작한다. 작업이 완료되면 결과창에는 ❷이미지 하나만 나타난다.

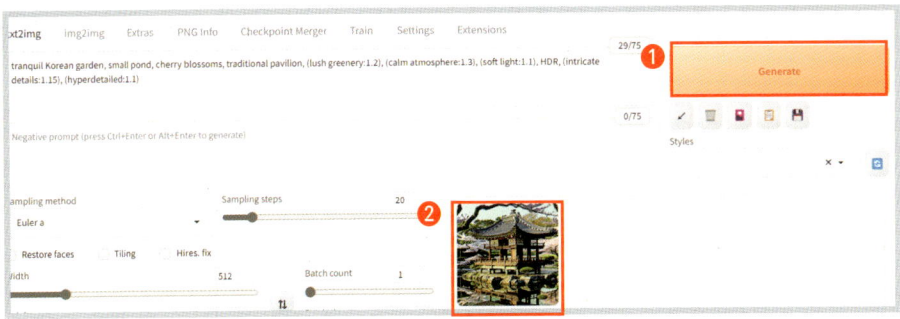

결과를 확인하기 위해 이미지를 저장한 폴더로 이동해 index.html 파일을 찾아 클릭해보자. 그러면 다음과 같은 초기 화면이 웹 브라우저에서 열린다.

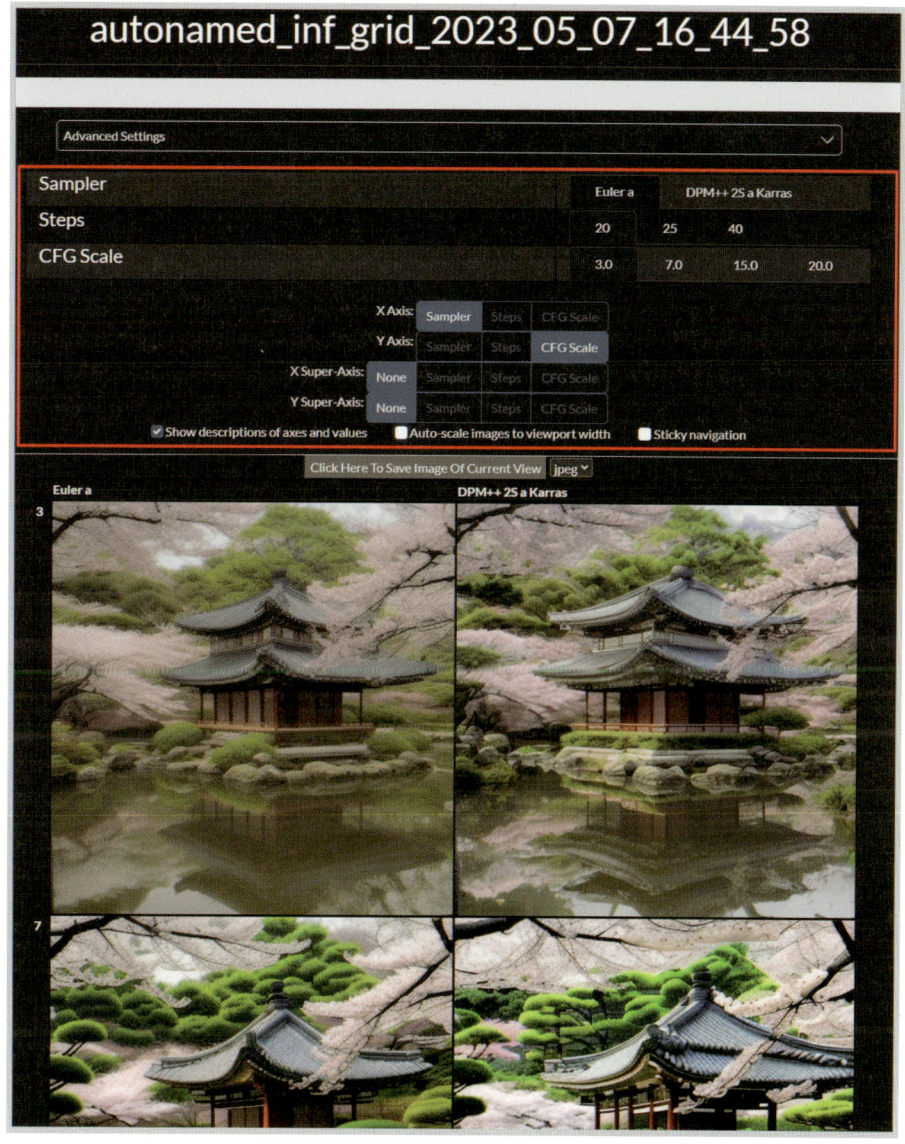

각 이미지의 배열 방식은 위 화면의 상단 부분에서 X축, Y축 구성 항목들을 선택해 가며 살펴보기 좋은 모양으로 선택하면 된다. 상단 부분을 약간 확대해보자.

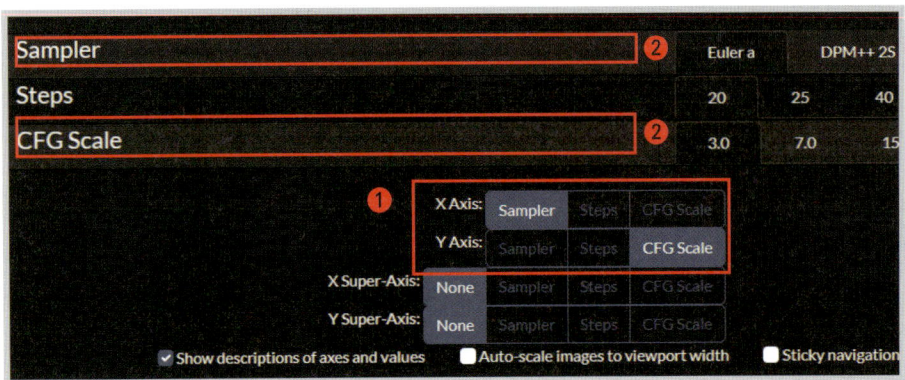

❶에서 X축에 'Sampler', Y축에 'CFG Scale'를 선택하면 ❷에 해당 부분이 활성화 된다. 정확한 옵션 값을 사전에 정해 사용하기가 애매할 때 다양한 값들을 적용해 좋은 결과를 얻어낼 수 있는 좋은 방법이다.

또 개별 사진을 선택하면 생성 정보가 함께 표시된다.

'Axis Mode' 항목에서 설정할 수 있는 것 중에 '프롬프트 리플레이스 Prompt Replace'가 있다. 프롬프트에 입력한 특정 표현만 다른 것들로 대체하면서 여러 이미지를 만들 때 쓸 수 있다.

예를 들어, 앞에서 사용한 프롬프트에서 다른 내용은 그대로 두고 'Korean' 부분만 바꿔보면서 이미지를 생성하고 싶다면, ❶에서 'Prompt Replace'를 선택한 후 ❷에 'Korean', 'Japanese', 'Chinese', 'British'를 입력한다.

그러면 아래와 같이 한 페이지에서 확인할 수 있다.

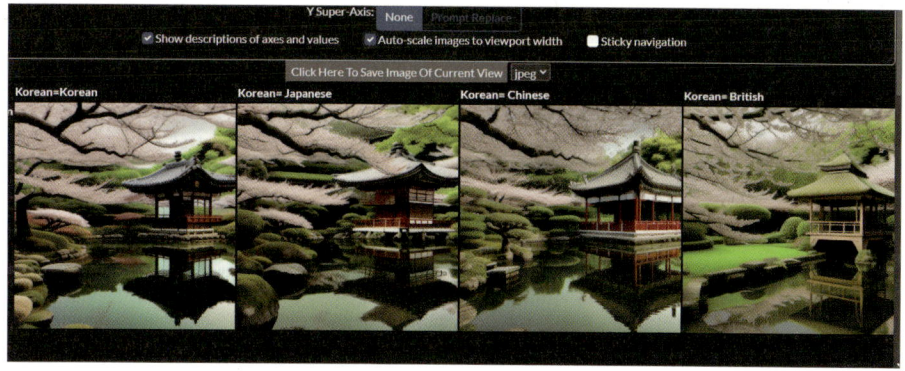

Image Browser

'Image Browser' 확장은 여러 폴더에 나뉘어 저장되어 있는 이미지들을 프로그램 화면에서 한눈에 둘러볼 수 있도록 도와준다. 확장을 설치하는 법은 앞에서와 같다.

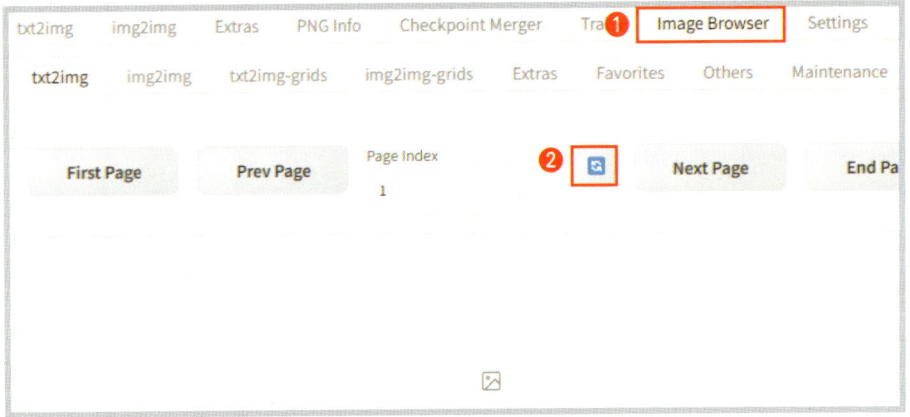

이 확장을 설치하면 프로그램 화면 상단 메뉴 줄에 ❶[Image Browser] 탭이 추가된다. 처음에는 아무런 이미지도 나타나지 않는데, ❷새로고침 아이콘을 누르면 다음 화면처럼 지금까지 생성한 이미지들이 전부 불러와진 것을 볼 수 있다.

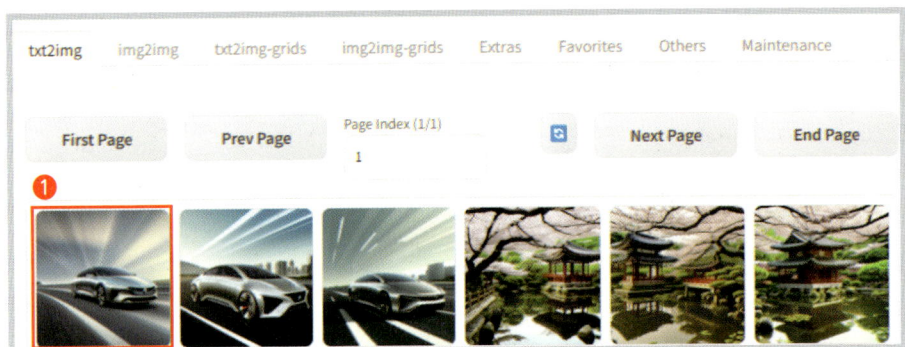

불러오기가 완료된 후 ❶개별 이미지를 선택하면 이미지의 세부 정보들을 확인할 수 있다.

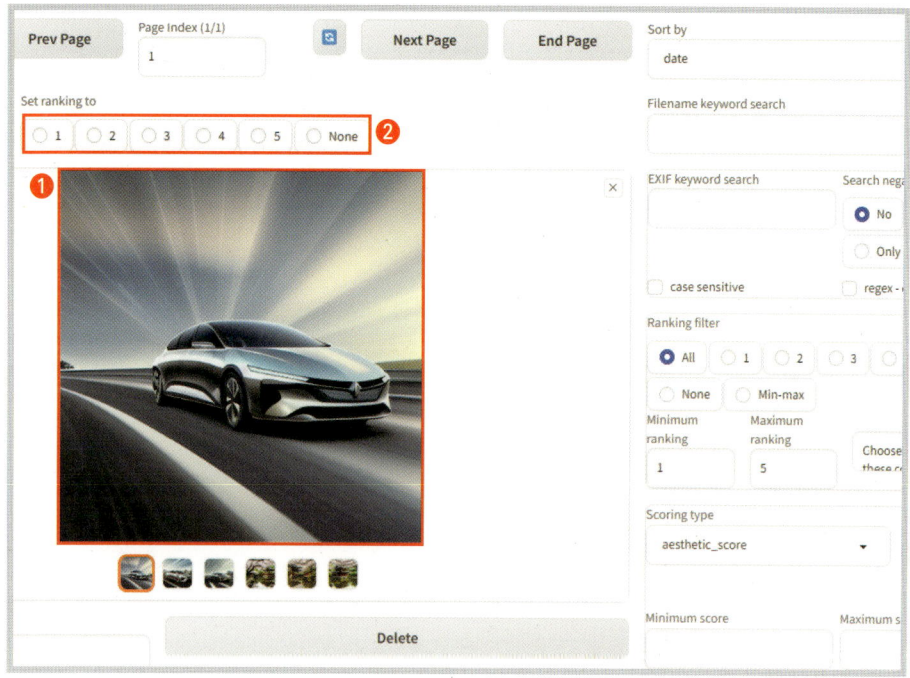

앞에서 선택한 ❶ 개별 이미지 위의 ❷ 'Set ranking to'에서는 1점부터 5점까지 점수를 부과하여 사진 데이터를 자신만의 품질 점수로 관리할 수 있다.

이와 더불어 이미지 파일이 저장될 때 생성 정보가 담긴 텍스트 파일도 함께 저장되게 하면, 해당 이미지가 어떤 프롬프트와 설정으로 만들어졌는지 알 수 있어 관리하기가 더욱 편리하다.

이미지와 함께 사진 생성 정보가 담긴 텍스트 파일을 저장하는 법을 알아보자. 먼저 메인 화면에서 [Settings] 탭을 눌러 설정 페이지로 이동한다.

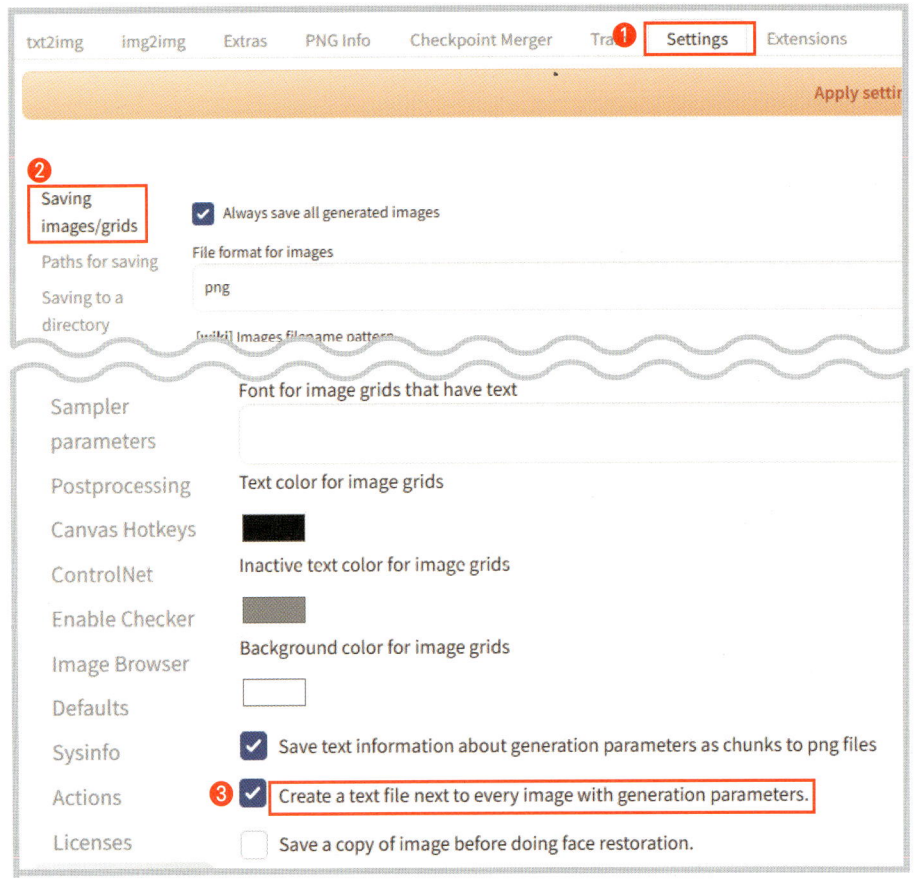

❶[Settings] 페이지에서 ❷[Saving images/grids] 메뉴를 선택하면 관련 설정 항목들이 뜨는데 여기에서 ❸ 'Create a text file next to every image with generation parameters'에 체크한다. 바로 위의 'Save text information about generation parameters as chunks to png files'은 기본으로 선택되어 있다. 원래 이미지 파일을 Png로 저장하면 파일 안에 생성 정보가 자동으로 포함되지만, 일반적인 이미지 뷰어에서는 이 정보를 읽을 수 없다. 그래서 이렇게 별도의 텍스트 파일(확장자 .txt)로 저장하여 관리하는 경우도 있다.

Tag Autocomplete

Tag Autocomplete 확장은 프롬프트에서 단어를 입력할 때 단어를 자동으로 완성해주는 역할을 한다. 스펠링이 헷갈릴 때도 도움이 되고, 프롬프트에서만 사용하는 특정한 표현들을 보여주니 편리하다.

확장을 설치하는 방법은 앞에서 살펴본 봐와 같다. 이 '[Extensions] 〉 [Available]' 페이지에서 찾을 수 있다. 확장 가능 목록이 너무 길어 필요한 확장을 찾기가 어렵다면, 〈Ctrl +F〉로 확장 이름을 검색해 찾을 수도 있다.

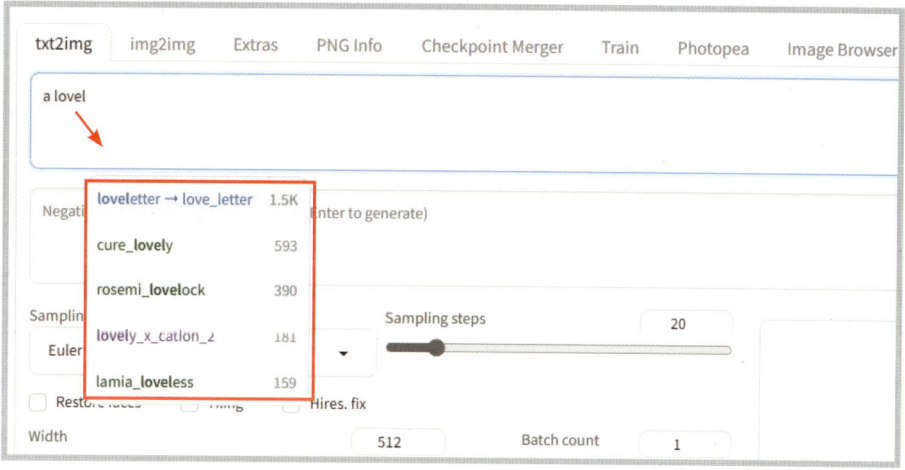

이 확장을 설치하면 위 화면에서 보는 것처럼 프롬프트에 글자를 한 자 한 자 입력할 때마다 해당 스펠링이 포함된 단어 목록이 나타난다. 사용자들이 많이 사용하는 단어를 빈도순으로 보여주는 것이다. 이 목록들을 활용하면 원하는 단어를 빠르게 입력할 수 있고, 몰랐던 표현이나 새롭고 참신한 표현을 발견할 수도 있다.

확장 프로그램 관리

새로운 확장이 수시로 등장하고, 기존에 있던 확장 역시 수시로 업데이트된다. 특히 사용 중인 확장은 유지 보수가 더 긴박할 수 있으므로 자주 확장을 업데이트하며 관리해주어야 한다.

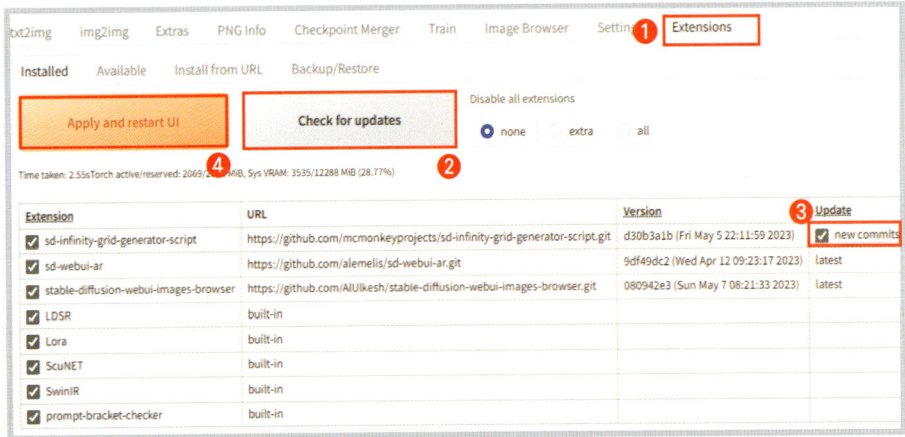

설치와 마찬가지로 ❶[Extensions] 탭으로 들어간다. 이 페이지에서 ❷[Check for updates] 단추를 누른다. ❸'new commits'에 체크가 되어 있다면 ❹[Apply and restart UI] 단추를 눌러 업데이트를 반영한다.

확장을 관리한다고 할 때 업데이트 외에도 확장을 삭제하고 싶은 경우도 있다. 그런데 확장에는 다른 프로그램과 달리 별도의 제거 메뉴가 없다. 확장은 확장 폴더에 따로 저장되므로 기존에 설치한 확장을 지우고 싶다면, 다음과 같이 ❶'extensions' 폴더에서 ❷삭제하고 싶은 확장 폴더를 삭제한 후 프로그램을 재시작하면 된다. 하지만 확장에 따라서는 다른 폴더 등에 필요한 파일들을 분산시켜 놓기도 하기 때문에 완벽한 제거가 어려울 수도 있다.

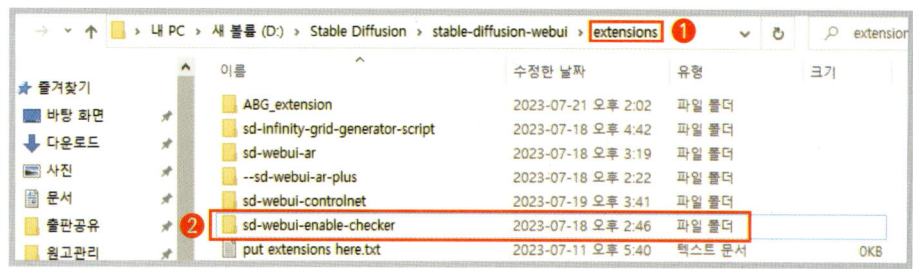

찾아보면 상당히 많은 확장이 있다. 그러나 너무 많은 확장을 설치하거나 간혹 완성도가 낮은 확장을 설치하면 최악의 경우 프로그램이 실행되지 않는 경우가 생길 수 있으니 주의하자. 이런 점을 고려하여 재설치가 귀찮거나 익숙하지 않다면 이전 사용자들의 리뷰 등을 잘 살펴보고 반드시 필요한 것만 설치하도록 한다. 그리고 만일을 대비해서 가끔 기존 프로그램 폴더를 복사해두는 습관을 갖는 것도 좋다.

6장
아웃페인팅과 업스케일링

일반적인 이미지 편집 프로그램에서도 자주 하는 작업 중에 아웃페인팅, 인페인팅, 업스케일링이 있다. 아웃페인팅outpainting은 이미지의 배경을 확장하여 없던 부분을 채워넣는 것이고, 인페인팅inpainting은 이미지의 특정 부분을 없애거나 수정하는 작업이다. 또 업스케일링upscaling은 화질이나 해상도가 떨어지는 이미지를 큰 고화질 이미지로 변환하는 작업이다.

이 중 인페인팅은 가장 흔하게 사용하는 기능이므로 다음 장인 7장에서 별도로 다루기로 하고, 이 장에서는 먼저 아웃페인팅과 업스케일링을 살펴보기로 한다.

아웃페인팅

아웃페인팅은 배경을 확장하는 것인데, 단순하게 이미지를 잡아 늘리는 것이 아니라 모자란 부분을 적절하게 그려넣는 것이다.

예시로 다음 이미지의 배경을 넓히는 방법을 알아보자. 참고 이미지는 4:3인데, 이를 16:9로 확대해보겠다.

이미지에서 이미지를 생성하는 방식이므로 [img2img] 탭에서 설정한다.

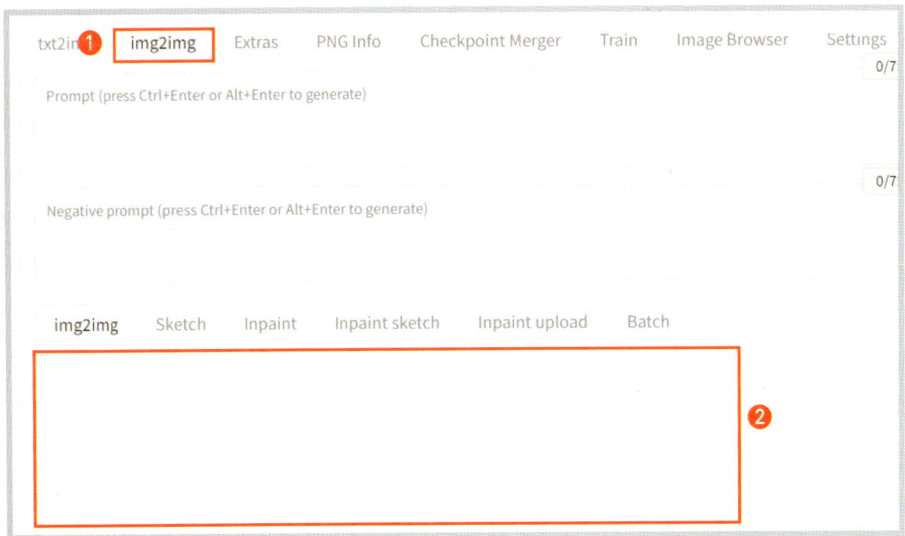

❶[img2img] 페이지로 들어간다. ❷작업창에 작업할 이미지를 마우스로 끌어온다. 작업창을 클릭해 이미지를 불러와도 된다.

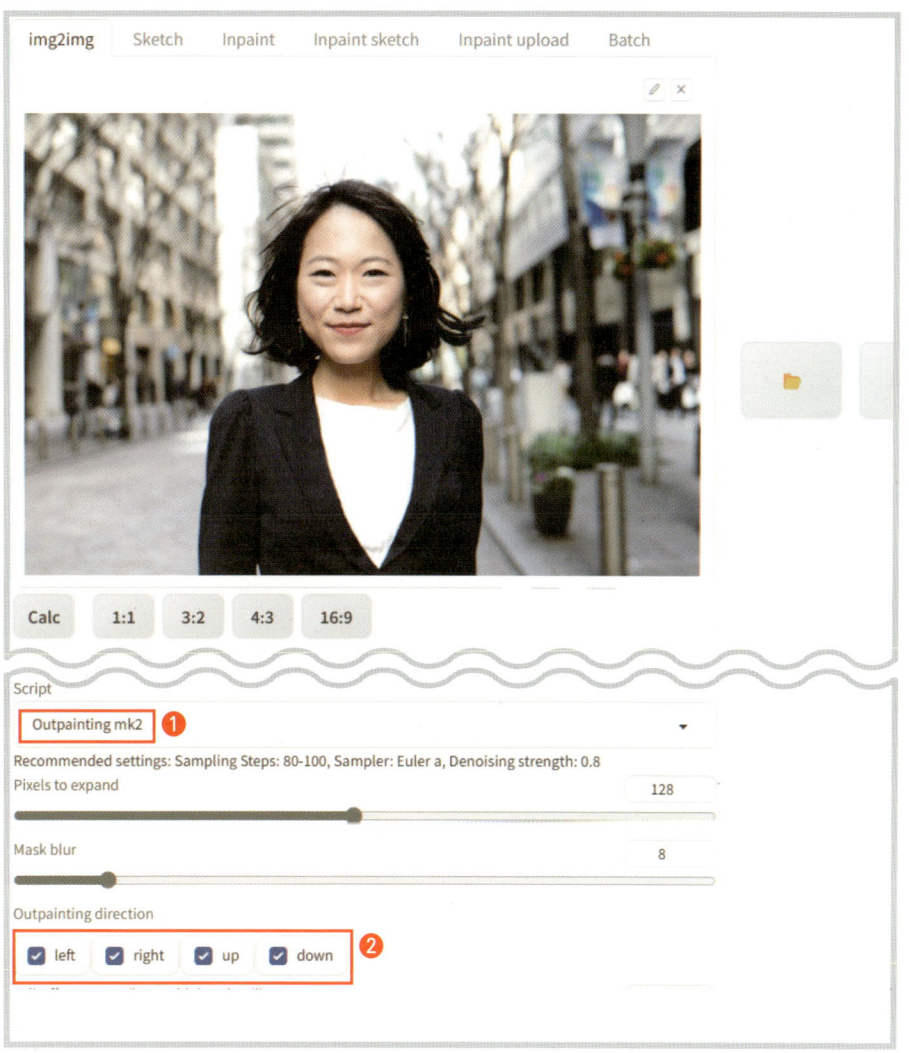

사진을 가져왔다면 메인 화면 하단의 ❶'Script'에서 'Outpainting mk2' 항목을 선택한다. 이 항목을 선택하면 아래 설정 항목 중 ❷확장 방향 설정이 있다.

아웃페인팅 작업을 하기 위해서는 다른 옵션은 그대로 두고 확장하고자 하는 방향만 정하면 된다. 주의할 점은, 기본으로 4방향(left, right, up, down)이 다 체크되어

6장. 아웃페인팅과 업스케일링 127

있는데, 한 번에 한 방향씩 작업해야 한다는 것이다.

예시로 좌우공간을 확장하기 위해서 [left]만 선택하고 나머지는 해제한다.

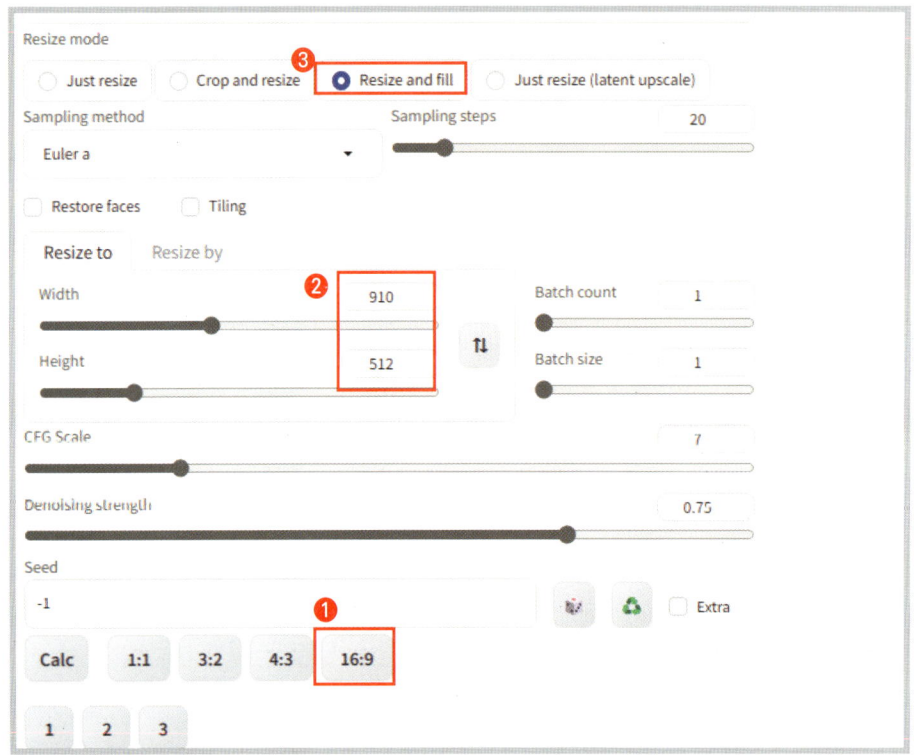

좌우로 확장한 사진을 만들기 위해 해상도 선택 메뉴에서 ❶[16:9] 단추를 누른다. 결과 이미지 크기가 ❷910×512로 변한 것을 확인할 수 있다. 그 다음 ❸'Resize mode'는 'Resize and fill'로 선택한다. 원본 이미지를 늘려 없는 부분을 채워넣는다는 의미다.

그런데 인공지능이 막연히 배경을 채워넣을 수는 없으므로, 작업하는 이미지에 적합한 프롬프트를 넣어준다. 원하는 배경 이미지를 영어로 써야 하는데, 힘들게 문구를 만들려고 하지 말고 [Interrogate CLIP]을 활용하면 된다.

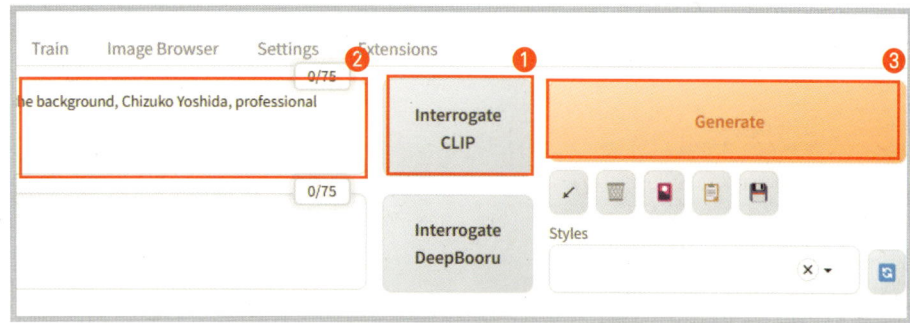

❶ [Interrogate CLIP] 단추를 눌러 인공지능이 이미지를 분석해 여기에 맞는 프롬프트를 자동으로 만들도록 한다. 대부분 이미지에 적합한 프롬프트를 만들어주지만, 가끔 엉뚱한 해석이 나올 수도 있어서 이미지를 생성하기 전에 잘 살필 필요가 있다. 전체가 보이진 않지만 위 화면에서는 ❷에 "a woman in a suit standing on a street corner in a city with buildings and people in the backgroud, Chizuko Yoshida, professional photo, a charatcer portrait, precisionism"라고 프롬프트가 만들어졌다. 프롬프트 확인 후 체크포인트나 샘플러, 단계 수 등을 설정하고, ❸ [Generate] 단추를 눌러 이미지를 생성한다.

그러면 결과창에 이렇게 왼쪽이 넓어진 이미지가 나타난다. 왼쪽만 확장했기 때문에 중앙에 있던 인물이 약간 오른쪽으로 쏠려 있다. 결과 이미지가 마음에 들지 않는다면 체크포인트나 샘플러 등을 바꿔가면서 생성 작업을 반복해보자.

왼쪽이 확장된 이미지의 오른쪽도 확장하려면 결과창에 있는 이미지를 작업창으로 이동시켜야 한다.

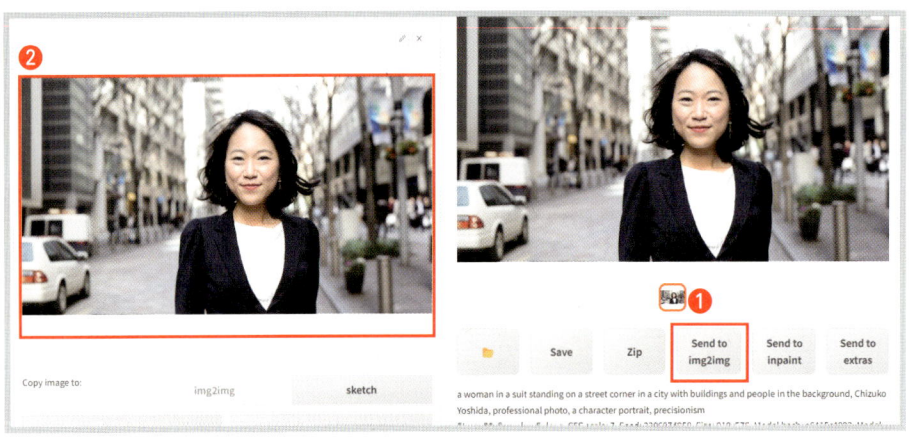

결과창 하단에 있는 ❶[Send to img2img] 단추를 누르면 위 화면과 같이 결과 이미지가 ❷ 왼쪽 작업창으로 옮겨진다. 따로 저장된 결과 이미지를 불러와도 되지만, 이 방법이 더 간편하다. 그리고 왼쪽 방향으로 확장할 때와 마찬가지로 'Script'에서 'Outpainting mk2' 항목을 선택하고, 확장 방향으로 오른쪽을 선택한다(127쪽 설명 참고). 다른 설정값은 변경하지 않을 거라면 이미지를 생성한다.

위 이미지의 왼쪽은 4:3 원본 이미지이고, 오른쪽이 왼쪽과 오른쪽 방향으로 아웃

페인팅한 16:9 결과 이미지이다. 아웃페인팅 처리되는 부분을 제외한 원본 부분은 변화가 없다.

자연스럽게 연결되는 확장 이미지를 얻기 위해서는 반복적인 시도가 필요할 수 있다.

업스케일링

업스케일링은 말 그대로 이미지를 확대하는 기능이다. 생성 모델에서 만든 이미지에도 쓸 수도 있고, 원래 가지고 있는 이미지에도 쓸 수 있다.

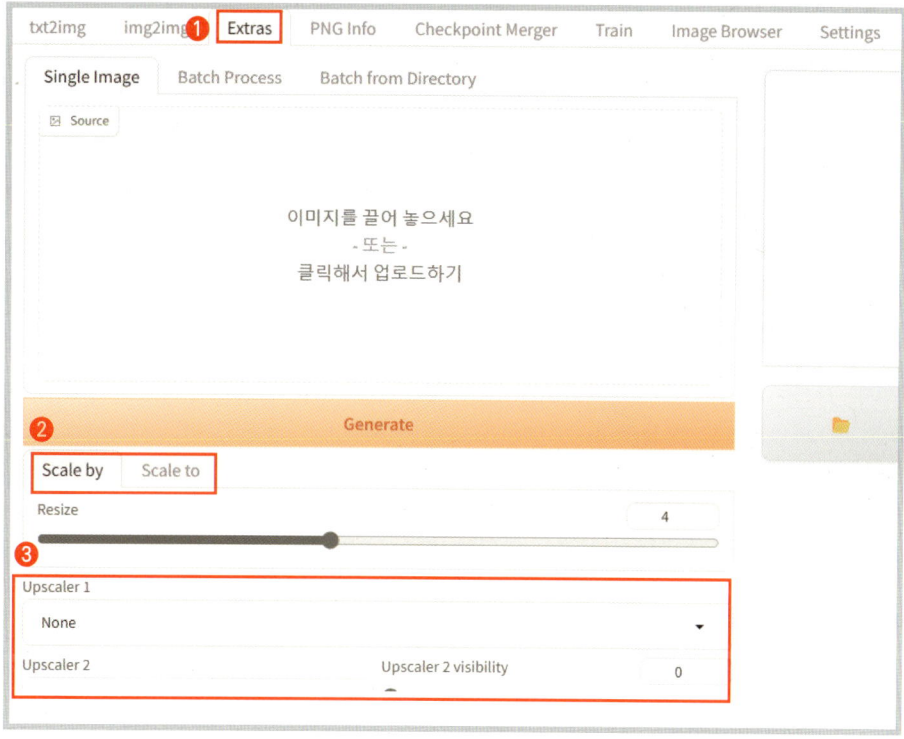

업스케일링을 하기 위해서는 메인 화면 상단에서 ❶[Extras] 탭을 눌러 이동한다. 여기에서는 2가지만 확인하면 된다. 하나는 확대하는 정도를 정하는 것이고, 나머지 하나는 확대하는 방법을 정하는 것이다.

확대하는 정도는 ❷비율Scale by과 절댓값Scale to 중에 정할 수 있다. 확대하는 방법(알고리즘)은 ❸Upscaler 1과 Upscaler 2에서 설정할 수 있다.

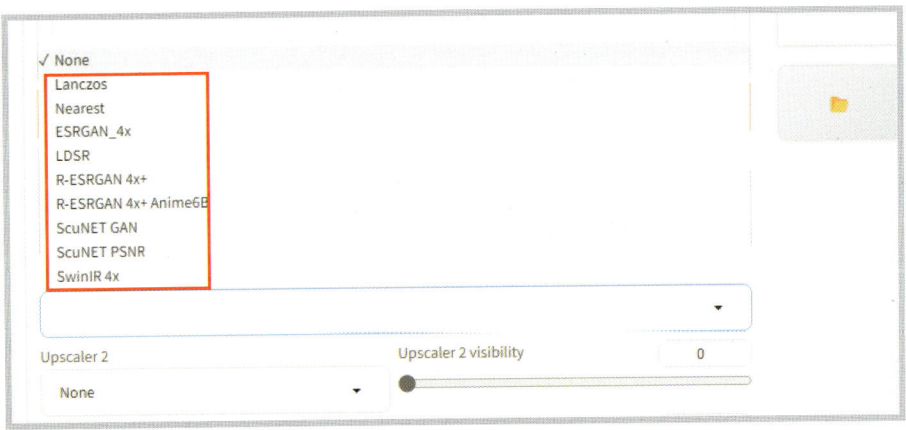

'Upscaler'를 선택하면 확대하는 알고리즘의 목록이 나오는데, Lanczos, Nearest, ESRGAN_4x, R-ESRGAN 4x+, R-ESRGAN 4x+ Anime6B 등이 있다. 확대 방식에 따른 결과는 원본 이미지에 따라 품질이 다르다. 최선의 결과를 얻고 싶다면 모든 방식을 시도해보는 것이 좋다.

다음 예시는 이러한 업스케일링의 알고리즘을 적용한 이미지이다. 그림을 살펴보면 원본을 포함하여 모두 100% 크기이다. 원본은 작지만, 나머지 사진들은 해당 알고리즘을 통해 크게 커졌다. 책에는 지면 관계상 닭 중 하나의 얼굴과 배경 부분만 잘라서 넣었는데, 잘 살펴보면 크기만 커진 것이 아니고, 업스케일링 과정에서 질감 처리 등의 차이가 있는 것도 볼 수 있다.

7장
인페인팅

인공지능으로 만든 사진이나 따로 보관하고 있던 사진을 약간 수정하고 싶을 때가 있다. 예를 들어, 중앙에 인물이 있는 풍경 사진이 있을 때 인물만 없애거나, 인물을 다른 스타일의 인물로 바꾸고 싶은 경우이다.

  이는 그래픽 프로그램을 상당히 잘 다루어도 쉬운 작업은 아니다. 특히 가려진 부분에 뭔가를 새로 채워 넣는다는 것은 불가능에 가깝기도 하다. 이렇게 기존 사진에 있는 특정 부분을 고치거나 새로 그리거나 없애는 작업을 인페인팅inpainting이라고 한다.

  이 장에서 앞 6장에서 참고한 원본 이미지를 기준으로 사진에서 중앙에 있는 인물을 없애는 방법과 다른 인물로 바꾸는 방법을 알아보겠다.

인물 없애기

먼저 사진 중앙의 인물을 없애보자. web UI에서는 img2img의 인페인트Inpaint 기능을 사용하여 해당 작업을 할 수 있다.

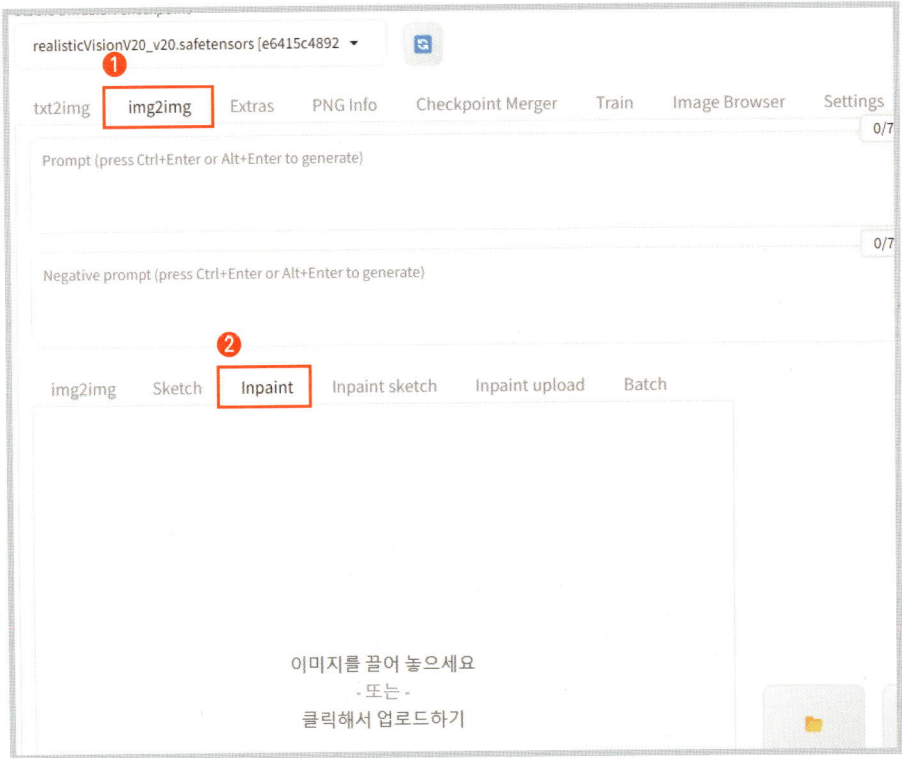

먼저 메인 화면에서 ❶[img2img] 탭으로 들어간다. 아래 메뉴에서 ❷[Inpaint] 탭을 선택하고, 작업창에 작업할 이미지를 마우스로 끌어온다. 작업창을 클릭해 이미지를 불러와도 된다.

작업할 사진을 불러온 뒤에 이미지 위에 마우스 커서를 올린다.

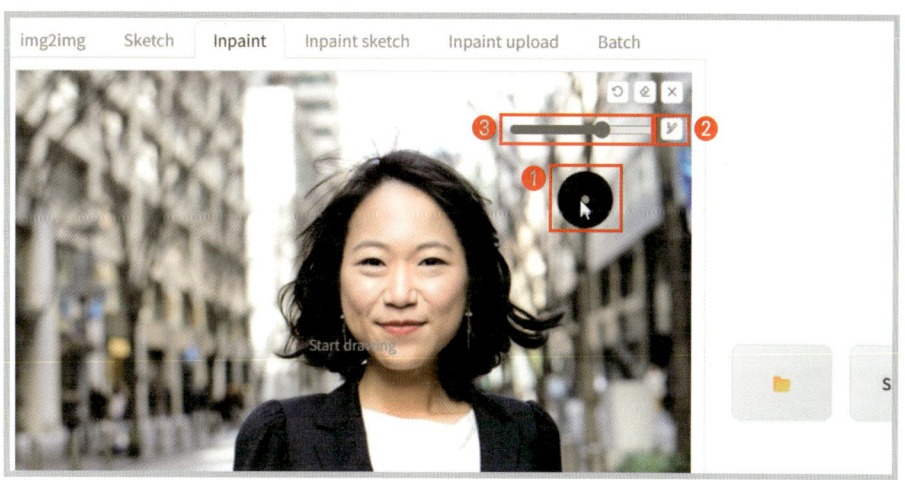

작업할 이미지를 불러오기만 했을 때와 달리 선택 영역을 칠할 수 있는 ❶동그라미가 나타난다. ❷펜 모양 아이콘을 누르면 ❸ 커서의 크기를 조절할 수 있는 막대가 나온다. ❸으로 동그라미 크기를 조절해 없애고 싶은 부분을 ❶로 칠하면 된다.

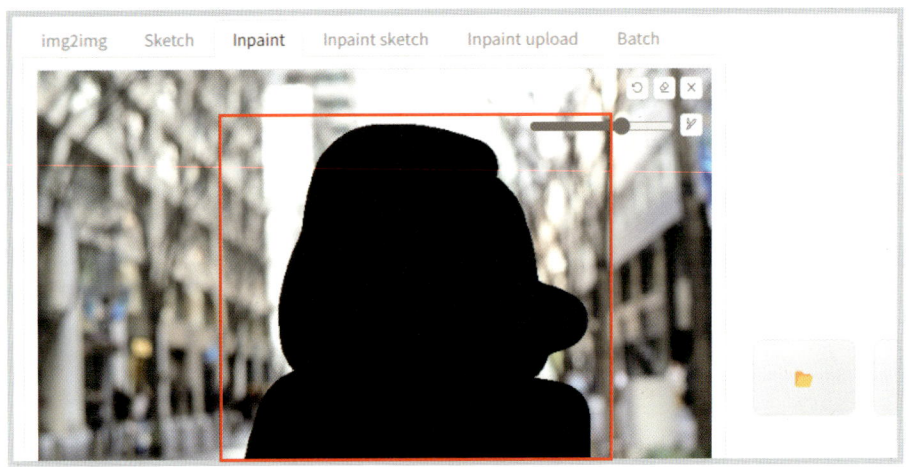

인물 전체를 지울 것이기 때문에 인물 전체를 까맣게 칠한다. 이렇게 까맣게 칠하는 작업을 마스킹^{masking}한다고 말한다.

다음으로 하단의 설정 항목에 인페인팅 작업에 필요한 옵션들을 정해야 한다. 옵션을 잘 생각해서 정해야 하기는 하지만, 생성형 인공지능의 특성상 결과가 예상치 않게 나올 가능성도 크므로 옵션을 다양하게 적용하면서 최적의 결과를 얻는 과정이 필요하다는 늘 염두에 두어야 한다.

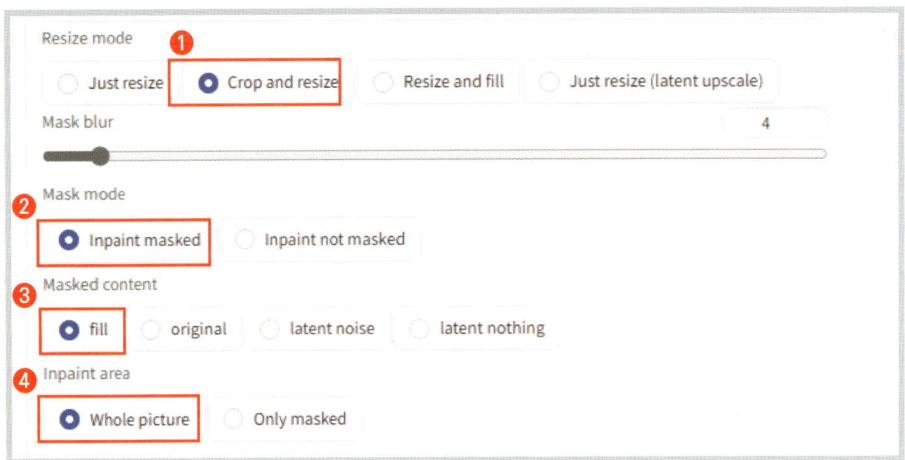

❶ 'Resize mode'에서는 그림의 크기가 바뀌었을 때 넘치거나 모자란 부분을 어떻게 처리할 것인지 정한다. 지금은 'Crop and resize'를 선택한다. 이것을 선택하면 어떤 경우든 가로세로 비율을 정확하게 유지해준다. 원본과 결과물의 크기가 동일한 경우에는 어떤 항목을 선택하든 상관이 없다.

❷ 'Mask mode'에서는 마스킹한 영역을 대상으로 할 것인지, 마스킹하지 않은 영역을 대상으로 할 것인지 정한다. 기본값은 'Inpaint masked'인데, 칠한 부분을 대상으로 인페인팅 작업을 진행한다.

❸ 'Masked content'의 기본값은 'original'이다. 인페인팅 작업을 할 때, 기존에 있던 내용을 참고하여 윤곽이나 스타일을 비슷하게 할 경우 선택한다. 지금은 마스킹한 인물을 제거하고 배경으로 채워 넣을 것이므로 'fill'을 선택한다.

❹ 'Inpaint area'는 이미지를 새로 구성할 때, 마스킹한 부분만 고려할 것인지 이미지 전체에 영향을 끼쳐도 되는지를 정한다. 지금은 이미지 전체를 고려하기 위해 'Whole picture'를 선택한다.

필요한 설정들을 마쳤다면 이제 결과물의 크기를 정해야 한다.

원하는 크기를 직접 입력하거나 비율을 선택하는 방법이 있다(이미지 크기 확장 기능은 125쪽 참고). 지금은 ❶[4:3]을 클릭해보겠다. 그러면 기본 512 × 512였던 것이 자동으로 ❷683 × 512로 바뀐다.

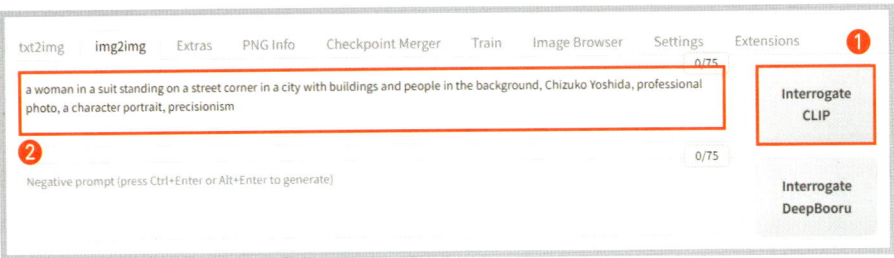

앞에서도 말했듯이 적합한 프롬프트를 직접 입력해도 되지만, [Interrogate CLIP] 단추를 사용해 자동 생성한 뒤 프롬프트를 검토, 수정, 보완하는 것이 편리하다.

위 예시 화면은 ❶[Interrogate CLIP] 단추를 눌러 ❷에 자동으로 프롬프트가 입력된 것이다. 프롬프트의 내용은 다음과 같다.

> "a woman in a suit standing on a street corner in a city with buildings and people in the background, Chizuko Yoshida, professional photo, a character portrait, precisionism"

원본 이미지에 여성 인물이 있어서 해당 표현도 포함되어 있다. 지금은 이 이미지에서 인물을 제거하려고 하는 것이므로 프롬프트를 아래와 같이 바꾸도록 한다.

> "a street corner in a city with buildings and people in the background, Chizuko Yoshida, professional photo, a character portrait, precisionism"

수정한 프롬프트를 입력하고 ❶[Generate] 단추를 누르면 결과창에 ❷와 같이 인물이 제거된 이미지가 생성된다.

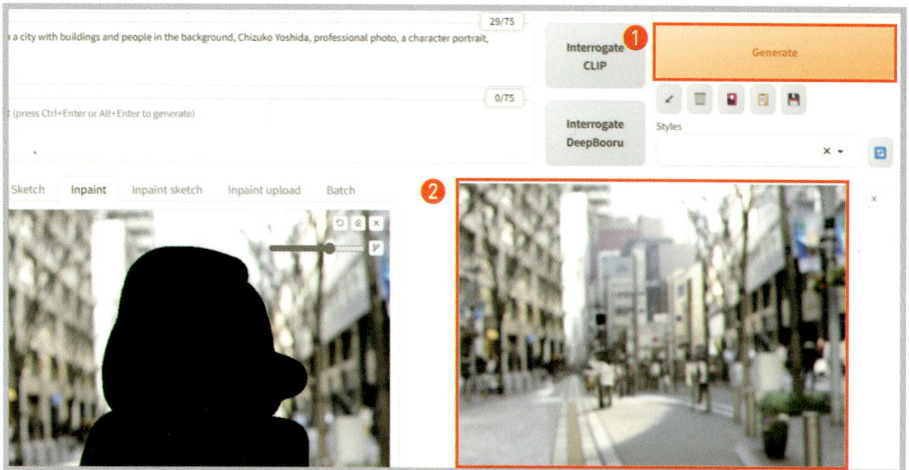

아래는 원본 이미지와 인물을 제거한 이미지이다. 이처럼 인페인팅 기능을 활용하면 배경은 그대로 있고 인물만 지워진 이미지를 얻을 수 있다. 결과가 마음에 들지 않으면 반복적으로 작업을 진행해보자.

🎨 인물 교체하기

이번에는 사진에서 인물을 바꿔보자. 배경이나 구도는 괜찮은데 인물의 얼굴은 노출하고 싶지 않거나, 다른 분위기를 주기 위해 이런 작업이 필요할 때가 있다.

여기에서는 앞에서 사용한 참고 이미지에서 원본의 인물을 한국 여성에서 한국 남성으로 바꾸는 작업을 해보겠다.

[Inpaint] 페이지에 수정할 사진을 불러와 작업 영역을 마스킹하는 것까지는 인물을 지우는 것과 동일한데, 설정 옵션값이 다르다.

7장. 인페인팅 141

인물을 없애는 작업을 할 때와 다른 항목은 동일하게 설정하면 된다. 다만 'Masked content' 항목을 'fill'에서 'original'로 변경한다. 인물 자체는 존재하기 때문에 그 위치에 있는 정보를 활용한다는 의미다.

이제 프롬프트를 지정한다. 인물 제거를 할 때 쓴 원본 이미지를 바탕으로 추출한 프롬프트에서 인물에 대한 정보만 변경하면 된다. 지금은 여성을 한국 여성과 한국 남성으로 바꿔보자. 'woman'만 각각 'Korean woman'과 'Korean man'으로 변경하면 된다.

프롬프트를 변경한 뒤 [Generate] 단추를 눌러 이미지를 생성하면 결과창에서 기존의 인물이 각각 한국 여성과 한국 남성으로 바뀐 것을 확인할 수 있다.

6장에서 설명한 아웃페인팅과 이번 장에서 설명한 인페인팅 작업을 활용하면, 지금 가지고 있는 이미지와 다른 이미지를 조금 더 쉽게 만들어낼 수 있다. 특히 일상 업무에서 파워포인트 같은 도구에서 수시로 이미지를 삽입해 자료를 만든다면 더욱 유용한다. 파워포인트의 스톡 이미지든 다른 곳에서 찾아온 이미지든 그대로 사용하기에는 무리가 있을 때 이런 기능으로 필요한 부분만 수정해 사용할 수 있다면 상당한 유연성과 다양성을 제공할 수 있다.

    마음에 드는 결과가 나올 때까지 반복하여 출력해야 한다. 프롬프트도 다양하게 변경해보고, 샘플링 방법이나 단계 수, CFG 수준 등도 다양하게 설정해보기를 권장한다.

🎨 인물의 얼굴은 그대로 두고 복장만 바꾸기

인물 사진이 있을 때, 해당 인물의 얼굴은 그대로 두면서 옷, 복장만 다르게 바꾸고 싶을 때가 있다. 이를 활용하여 자신의 사진을 넣고, 상황에 맞게 옷을 갈아 입힐 수도 있다. 스테이블 디퓨전을 활용하여 원하는 사진을 넣고, 상황에 맞게 옷을 갈아 입힐 수도 있다.

    예시로 다음쪽의 왼쪽 사진을 오른쪽과 같이 바꿔보자.

우선 원본 이미지를 [img2img] 중 [Inpaint] 페이지로 가져온 후, 수정할 영역인 복장이 있는 몸통 부분만 선택한다.

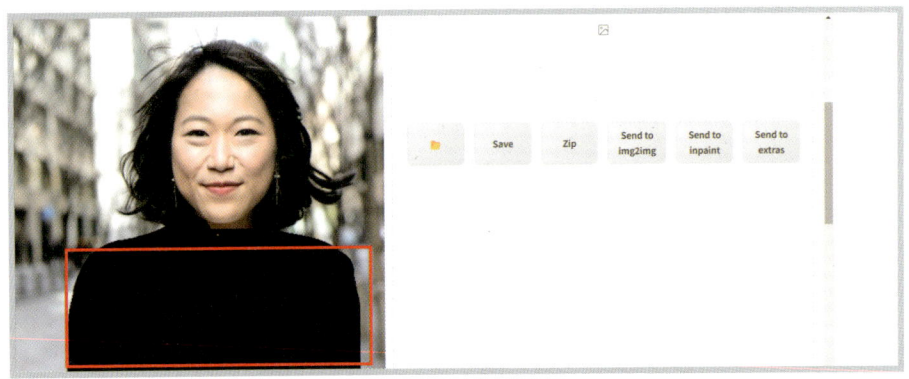

이제 수정할 부분들에 맞는 옵션값들을 지정한다. 항상 강조하는 것이지만, 작업을 시작하기 전에 머릿속에 구상한 내용과 100% 일치하는 이미지를 한 번에 얻기 어렵다. 각종 설정 항목들을 수정해 보고, 다양한 프롬프트로 인공지능의 상상력에 도움을 줘야 한다. 시간이 허락한다면 수십 장 수백 장의 이미지를 생성하고 가장 좋은 것을 선택하는 것이 좋다. 사람이 직접 일일이 그림을 그리고 수정하는 것이 아니라 컴퓨팅 파워를 이용하는 특권이 바로 이런 것이다.

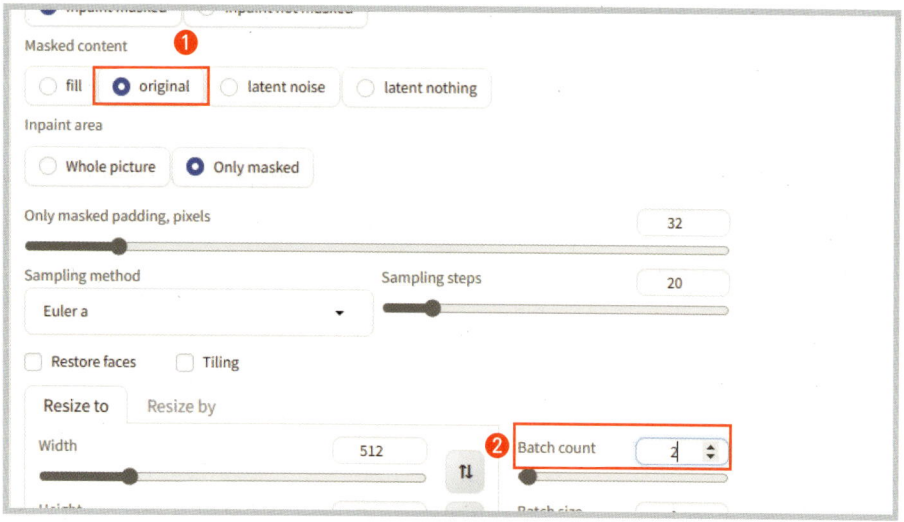

지금은 다른 옵션은 기본값으로 하고 ❶ 'Masked content'만 'original'로 변경한다. 이미지를 2장 그리도록 ❷ 'Batch count'는 '2'로 한다.

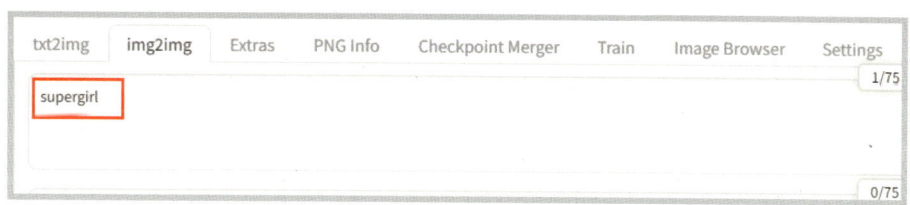

이제 원하는 복장을 프롬프트에 지정하고 [Generate]를 눌러 이미지를 생성하면 된다. 여기에서는 간단하게 'supergirl'이라고 써서 앞에서 제시한 이미지를 생성했다.
　다음의 예시 이미지도 이 기능을 활용해 생성된 것들이다. 쓰기에 따라 활용도가 높으니 다양하게 시도해보자.

8장
컨트롤넷

생성형 인공지능의 이미지 생성 서비스에서는 기본적으로 글로 쓴 명령어로 새로운 이미지를 만드는 과정을 거친다. 미리 만들어진 이미지를 이리저리 바꿀 때도 글로 쓴 명령어가 중요한 역할을 한다. 이 과정에서 부딪치는 문제 중 하나는 다소 인물의 복잡한 몸동작을 제대로 표현하기가 쉽지 않다는 것이다.

이를 해결하는 방법의 하나로 web UI에 컨트롤넷ControlNet을 확장으로 설치해 활용하는 방법이 있다. 컨트롤넷은 확장 모델을 제어하기 위해 추가 조건을 적용할 수 있는 신경망 구조의 일종이다. 개념이 다소 어렵게 느껴질 수 있는데, 뭔가 새로운 이미지를 생성하려고 할 때 무턱대고 기존에 없던 것을 새롭게 구성하는 것이 아니라, 기존의 이미지를 바탕으로 허용된 수준만큼의 통제control를 받으면서 새 이미지를 만드는 것이라고 이해하면 된다.

이를테면 기존의 이미지에 필터 효과를 적용하는 것과 비슷하다고 볼 수 있다. 사용자가 입력한 프롬프트나 별도의 이미지를 기반으로 다양한 추가 조건을 얹고, 이미지를 재구성한다. 컨트롤넷 확장을 설치하고, 추가 조건을 제어하는 각종 모델 파일을 내려받아 저장해 사용할 수 있다.

컨트롤넷 확장 설치하기

컨트롤넷을 사용하면 원본 이미지의 윤곽을 참고해 새 이미지를 만들거나, 원본 이미지에 들어 있는 인물의 동작이나 얼굴 표정을 그대로 본 떠 새 이미지를 만들거나, 대충 마우스나 스타일러스(펜)로 그린 스케치를 바탕으로 새 이미지를 만들 수 있다.

우선 컨트롤넷 확장을 설치해야 하는데 확장의 이름은 'sd-webui-controlnet manipulations'이다. 5장에서 설명한 것처럼 web UI 메인 화면 '[Extension] 〉 [Available]' 탭에서 'sd-webui-controlnet manipulations'를 찾아 설치한다.

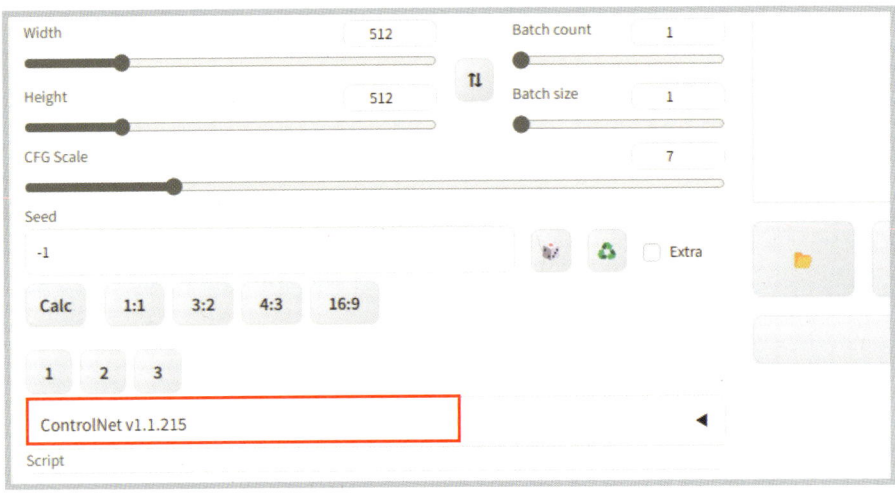

정상적으로 설치를 끝내면 메인 화면 중간에 'ControlNet' 항목이 버전 표시와 함께 추가된다.

이 확장은 비교적 업데이트가 자주 되므로, 수시로 업데이트 여부를 확인하고 적용할 필요가 있다. 관련 알고리즘의 개선 속도가 빨라 기존 기능이 사라지거나 새로운 기능이 추가되는 일도 잦다. 전반적인 인터페이스나 사용 방법은 크게 달라지지 않겠지만, 확장을 제공하는 개발자의 페이지에서 바뀐 내용을 살펴보는 것도 좋다.

컨트롤넷 확장을 클릭하면 다음과 같이 관련 옵션 항목들을 볼 수 있다.

'Control Type', 'Preprocessor', 'Model', 'Control Weight' 등 여러 항목이 있는데, 이 중 가장 중요한 것은 'Model'이다. 'Model'은 이미지를 통제하는 데 필요한 모델 파일들을 볼 수 있는 곳이다.

처음에는 사용할 수 있는 모델이 없고 직접 찾아 설치해야 한다. [Extensions] 페이지에 있는 컨트롤넷 소스 페이지에서 모델을 내려받을 수 있는 링크(https://huggingface.co/lllyasviel/ControlNet-v1-1/tree/main)를 볼 수 있다.

다음 화면에서 보는 것과 같이 이 페이지에 나열된 파일 중 확장자가 ❶ 'pth'인 것을 모두 내려받는다. 사용하다 보면 필요하지 않은 모델 파일도 생길 수 있지만, 나중에 지우더라도 일단 모두 내려받아 저장하도록 한다.

❷ 다운로드 아이콘을 클릭해 파일들을 내려받은 후 프로그램 폴더의 'extensions 〉 sd-webui-controlnet 〉 models' 폴더에 저장한다. 참고로 파일 목록에 있는 ❸ 'yaml' 파일은 이미 저장되어 있으므로 일부러 내려받을 필요는 없다.

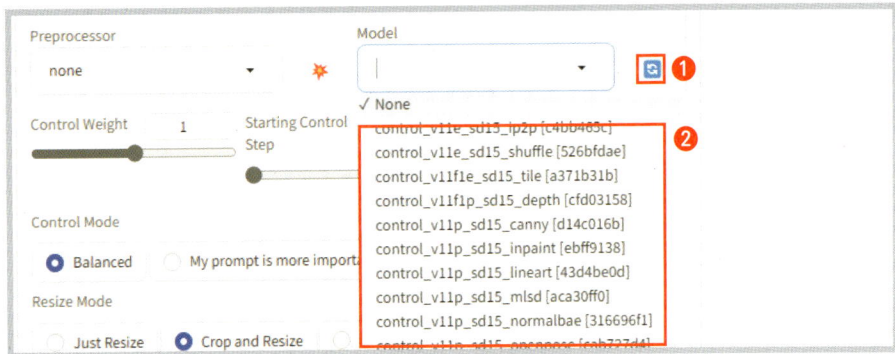

프로그램을 재시작하거나 'Model' 항목에 있는 ❶새로고침 아이콘을 클릭한 후 메뉴를 확인하면, ❷저장한 모델들을 확인할 수 있다.

컨트롤넷 적용 개수 설정하기

컨트롤넷은 한 번에 2개 이상 여러 개의 처리 기법을 동시에 적용할 수 있는데, 처음 컨트롤넷을 설치하면 기본적으로 하나만 적용할 수 있게 되어 있다.

이를 여러 개를 적용할 수 있는 환경으로 바꿔보자.

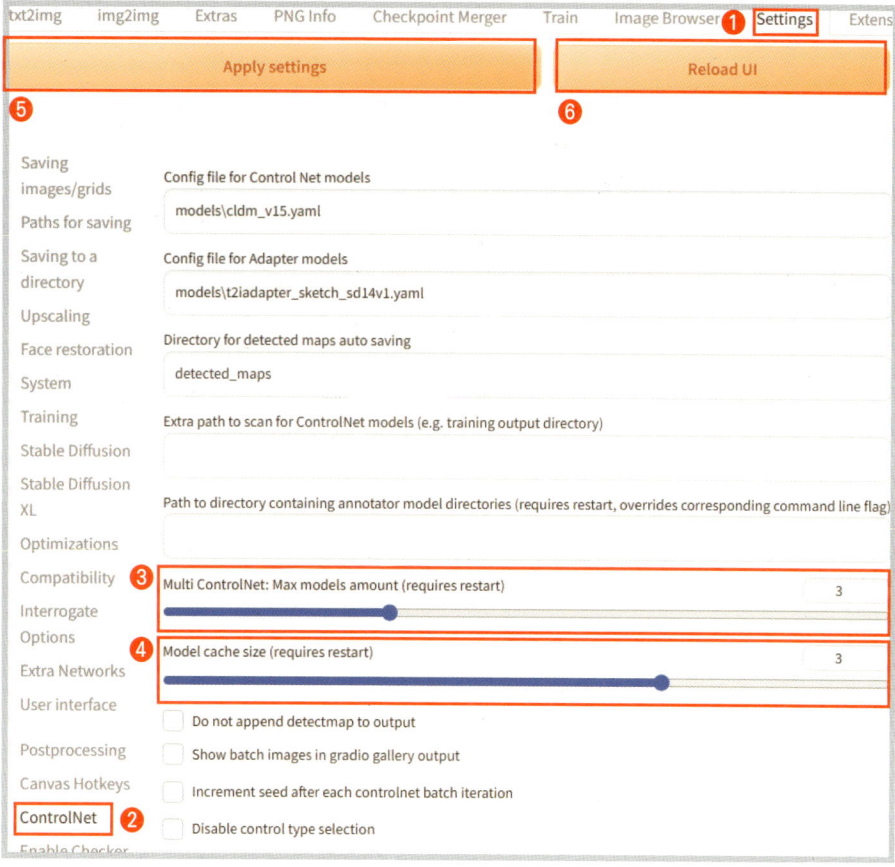

❶ [Settings] 탭을 선택하고 ❷ [ControlNet] 페이지로 들어간다.

❸ 'Multi ControlNet: Max models amount' 항목을 찾아 기본값 '1'로 설정되어 있는 항목을 원하는 개수로 조정한다. 동시에 적용하려는 모델의 개수는 최대 10까지 지정할 수 있다. 지금은 '3'으로 지정해보겠다.

❹ 'Model cache size'도 '3'으로 한다. 이는 작업 중에 모델을 교체할 때 메모리에 저장할 모델 개수를 표시하는 것이다. 이 값을 '1'로 하면 새로운 모델 파일로 변경할 때마다 메모리에 있던 모델 파일은 지우고 새 모델을 불러오게 된다. 이렇게 하면 다시 이전 모델을 부른다고 하더라도 처음 부르는 셈이 되어서 그만큼 시간이 소모된다. 이 캐시 크기를 여러 개로 하면 그만큼 메모리에 모델 파일이 상주하고 있어서 모델을 자주 변경해도 속도가 느려지지 않는다. 단, 메모리 부족 현상이 생겨 이미지 생성 시간이 지연되거나 다른 작동이 느려지는 부작용이 나타날 수 있다. 원활한 모델 교체를 위해서는 캐시 크기를 2~3개로 조정해야 한다.

❺ [Apply settings] 단추를 눌러 변경 사항을 적용하고, ❻ [Reload UI] 단추를 눌러 프로그램을 재시작한다.

이 항목은 프로그램을 재시작해야 반영되므로 명령창까지 닫고 실행 파일을 다시 실행해야 한다. 그런데 그전에 실행 파일을 약간 수정하자. 실행 파일인 webui-user.bat을 편집 상태로 열고, 'set COMMANDLINE_ARGS=' 행을 찾아 그 뒤에 다음과 같이 실행 옵션을 입력한다.

```
set COMMANDLINE_ARGS=--xformers --force-enable-xformers --autolaunch
```

추가한 두 옵션의 기능은 다음과 같다.

- --xformers: 프로그램 라이브러리를 사용하도록 하는 것으로, 메모리 소비량이

나 속도가 개선된다.

- --force-enable-xformers: 프로그램이 시작될 때 xformers 라이브러리가 사용 가능한지 점검하는 절차를 거치게 되는데 이 과정을 무시하고 바로 xformers가 작동되도록 한다.

이렇게 수정하면 조금 더 쾌적하고 빠르게 프로그램을 사용할 수 있다. 이 옵션을 넣었을 때와 넣지 않았을 때 프로그램을 사용해보면서 자신의 시스템에 맞는 상태를 만드는 것도 좋다.

web UI를 다시 실행하면 다음과 같이 앞에서 정한 수만큼 ControlNet Unit 탭이 만들어진 것을 볼 수 있다.

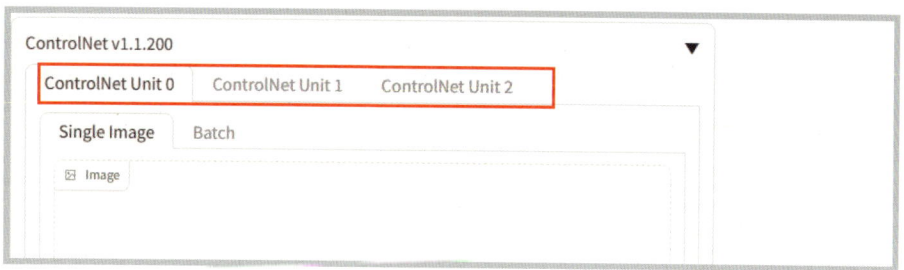

이제 컨트롤넷을 적용하는 방법을 중요한 모델들을 중심으로 살펴보자.

🎨 어려운 포즈의 인물 만들기

특정 포즈의 인물 이미지를 얻기 위해서는 우선 참조할 원본 이미지를 확보해야 한다. 원하는 포즈의 원본 이미지를 얻기 어렵다면 대략이라도 직접 그려 사용할 수도 있지만, 될 수 있는 대로 참조할 이미지를 준비하는 것이 좋다. 또한 어떤 포즈라도 다 반영하는 것은 아니어서 어느 정도 한계가 있음은 감안해야 한다.

참조 이미지를 구했다면 먼저 [img2img] 페이지로 이동해 'ControlNet' 항목을 펼친 후 'Single Image'에 참조 이미지를 삽입한다.

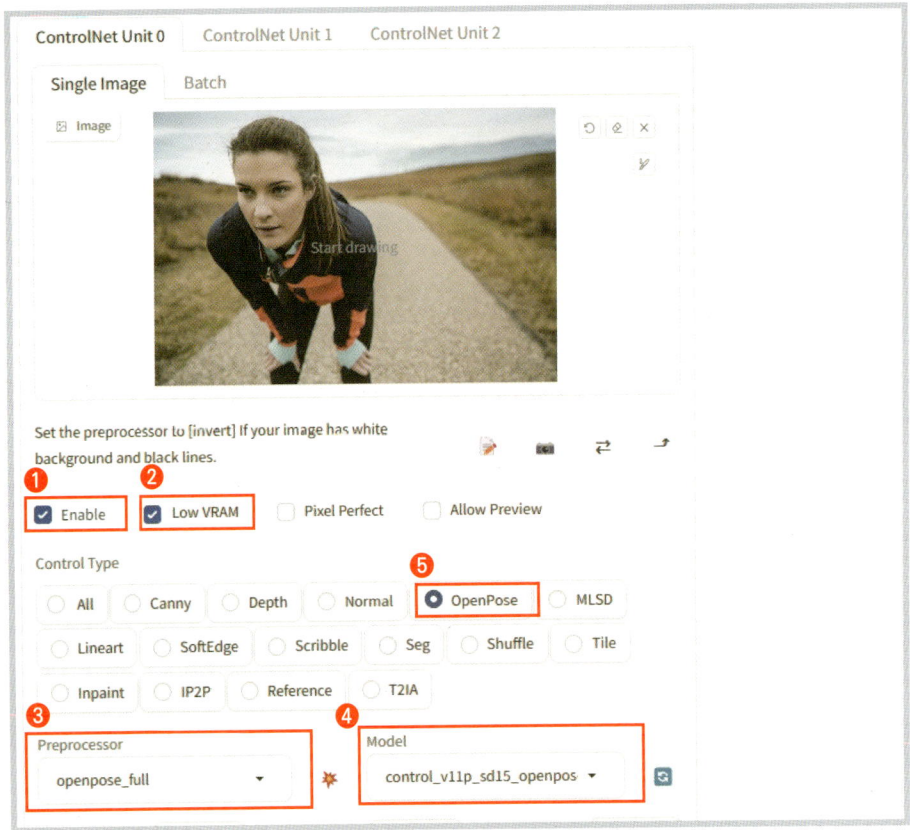

❶ 'Enable'은 ControlNet을 적용하기 위해 반드시 체크한다.

❷ 'Low VRAM'은 사용 중인 비디오 카드의 메모리 용량이 8GB 이하일 때 적용한다. 비디오 카드의 메모리가 부족하면 시스템 메모리의 도움을 받거나 이미지의 품질을 떨어뜨릴 수 있는데 이런 점들을 프로그램이 적절하게 보완해준다. 실험적인 기능이라 켰을 때와 껐을 때를 비교, 경험해보고 사용하는 것이 좋다.

❸ 'Preprocessor'와 ❹ 'Model'은 ControlNet을 적용할 때 사장 중요한 옵션이다. 다른 항목들은 기본값을 그대로 사용하는 경우가 많고, 그래도 대부분의 경우 큰 문제가 없지만, 이 두 옵션은 작업 목적에 따라 반드시 지정해야 하고, 특정 'Preprocessor'는 같은 이름의 특정 'Model'을 선택해야 하므로 이 관계를 잘 알고 있어야 한다. 또 'Preprocessor'를 사용하지 않고 none 'Model'만 선택할 때도 있다. 'Preprocessor'와 'Model'의 역할과 이 둘의 관련을 잘 알고 적절하게 선택하는 것이 중요하고 필요한 과정이다. 다음 절에서 주요 옵션들에 대해서 설명했으니 참고해서 활용하도록 한다.

❺ 이를 효과적으로 처리하기 위해 마련된 메뉴가 그 위에 있는 'Control Type'이다. 이미지 생성에 어떤 기능을 하는 것은 아니지만 작업 유형을 선택하면 'Preprocessor'와 'Model'을 자동으로 찾아 매칭시킨다. 'All'은 사용자가 직접 선택할 수 있도록 하는 옵션이다. 지금은 'OpenPose'로 선택한다. 그러면 ❸ 'Preprocessor'는 openpose_full로, ❹ 'Model'은 control_v11p_sd15_openpose로 자동으로 지정된다.

다음으로 결과 이미지를 구성하는 프롬프트를 생성하는 작업으로 넘어간다.

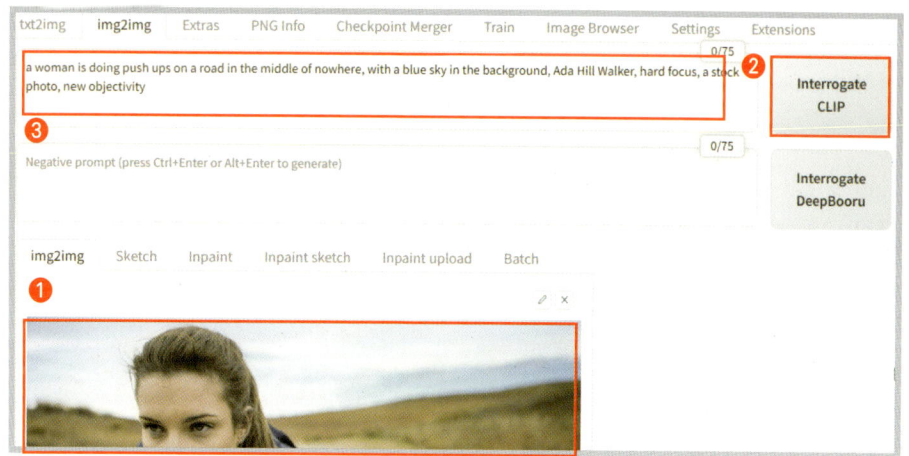

앞 화면에서처럼 참조 이미지를 ❶img2img 작업창에 넣고, ❷[Interrogate CLIP] 단추를 눌러 자동으로 ❸프롬프트를 생성한다.
   원본 프롬프트를 참조하여 원하는 형태의 프롬프트로 수정한다.

> - **원본 프롬프트** : a woman is doing push ups on a road in the middle of nowhere, with a blue sky in the background, Ada Hill Walker, hard focus, a stock photo, new objectivity
> - **수정 프롬프트** : a Korean woman on a road in the middle of green field, with a blue sky in the background, Ada Hill Walker, hard focus, a stock photo, new objectivity

자동으로 추출한 프롬프트에는 사진의 여성이 팔굽혀펴기를 하고 있는 것(is doing push ups)으로 판단하고 있어서 이를 지우고 다른 몇 가지(Korean woman, green field 등)를 보완하였다.
   이제 이미지 생성에 필요한 옵션을 설정하는 단계이다.
   다음 화면에서 'Resize Mode'는 ❶'Crop and resize'로 해서, 혹시 그림의 가로세로 크기가 달라지더라도 비율을 유지하면서 남는 공간이 발생하지 않도록 한다. Sample method는 ❷'DPM++ 2S a Karras'로 한다. 특별한 이유가 있는 것은 아니다. 자신의 취향에 따라 적절한 샘플러를 택한다.
   이미지의 가로세로 비율을 ❸[4:3]으로 하여 일반적인 사진 규격으로 한다. 원본이 가로로 긴 사진이라 이 비율을 선택하여 실제 크기를 ❹ 683×512로 하였다. 결과물은 2장 확보하기 위해 ❺'Batch count'는 2로 하였고, 나머지 설정은 그대로 둔다.

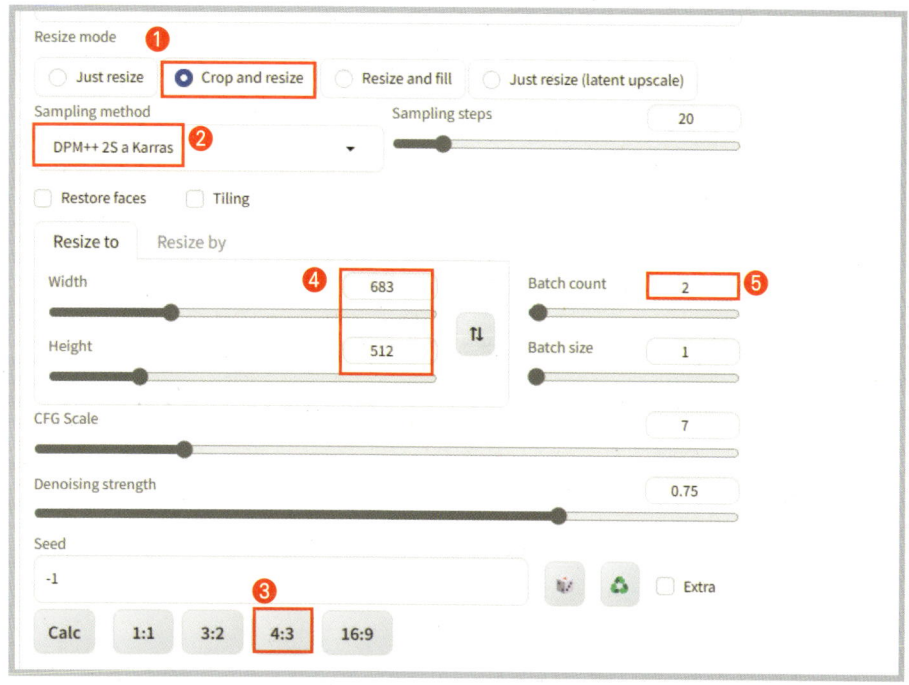

모든 옵션을 설정했다면, [Generate] 단추를 눌러 이미지를 생성한다.

잠시 기다리면 ❶ 두 장의 이미지가 만들어지고, 추가로 ❷ 'openpose'로 처리된 이미지도 볼 수 있다. 참조 이미지를 근거로 얼굴(눈, 귀), 어깨, 팔, 다리 골격을 뽑아낸

것이다. 골격 이미지가 단순해 보이지만, 점과 선의 색상과 표시 방식이 엄격하게 정해져 있어서, 다른 이미지 편집 프로그램에서 비슷하게 대충 그린다고 인식되지는 않는다. 아래 오른쪽 Openpose 이미지는 왼쪽의 원본 이미지의 크기를 4:3으로 자르고 사진에 포함된 인물의 위치와 포즈를 표현한 것이다.

ControlNet은 이렇게 만든 골격 이미지를 바탕으로 프롬프트의 지시 사항을 반영하는 것이다.

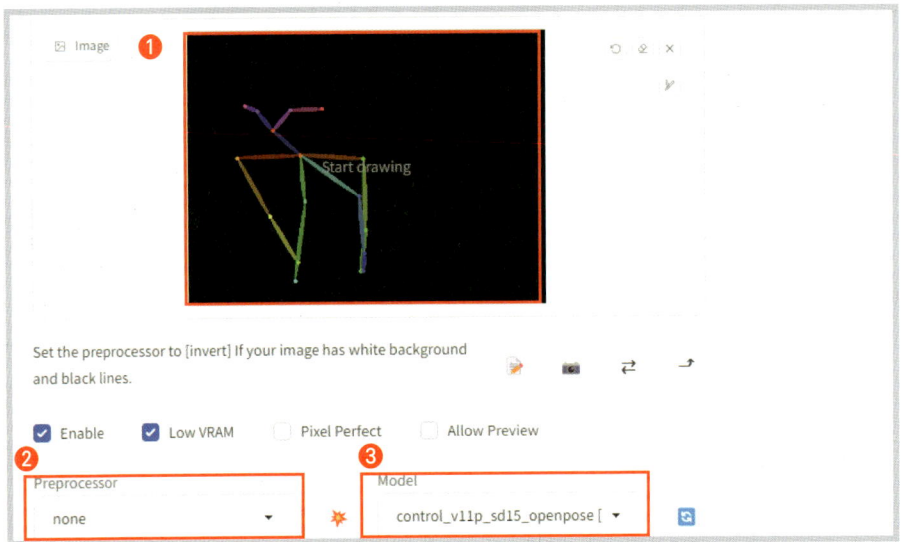

이 전처리 이미지만 따로 보관해 두었다가 나중에 필요할 때 사용할 수 있다. 이때에는 ❶ 전처리 이미지를 작업창으로 가져온 다음 ❷ 'Preprocessor'는 'none'으로 선택하고, ❸ 'Model'만 'openpose'로 선택하면 된다. 그 후, 자신이 원하는 이미지의 프롬프트를 입력하여 이미지를 생성하면 된다.

다음은 다른 예시 이미지들이다. 왼쪽이 참조 이미지이고, 오른쪽이 'ControlNet openpose'를 적용한 이미지이다.

이 작업을 통해서는 단순한 프롬프트 작성만으로 만들어내기 어려운 다양한 포즈의 인물 사진을 만들어낼 수 있다. 문제는 원하는 포즈의 원본 사진을 확보하거나 원하는 동작을 구성하는 것이다. 될 수 있으면, 평소에 재미있고 번쩍이는 포즈의 이미지를 발견했을 때, 별도로 폴더를 구성하고 분류하여 보관해 놓으면 업무에 도움이 된다.

🎨 주요 Control Type과 Preprocessor

- **Canny** : 이미지의 외곽선을 따서 변화를 주는 기능
- **Depth** : 이미지의 깊이(입체감)을 표현하는 기능. 주위 배경까지 입체감 적용
  - Depth Midas : 참고 이미지의 깊이 정보를 추출하는 가장 일반적인 방법
  - Depth Leres : 좀 더 상세하게 깊이 정보를 추출하여 배경까지 입체감 적용
  - Depth Leres++ : 더 상세한 깊이 정보 추출
  - Zoe : Midas와 Leres 중간 수준의 기능
- **Normal maps** 피사체의 입체감을 표현하는 기능으로, Depth와 달리 피사체에 집중한다
  - Normal Midas : Midas 깊이 맵으로 표면의 입체 굴곡 추출. 배경과 중심 피사체를 분리하는 데 유리한 기능
  - Normal Bae : 배광빈(영국 캠브리지 대학 박사 과정) 등이 제안한 법선 불확실성 기법(normal uncertainty method)으로 배경과 전경 피사체의 전체적 굴곡 추출
- **Openpose** : 사람의 머리, 어깨, 손의 위치 같은 핵심적인 점들을 감지하는 기능
  - OpenPose : 눈, 코, 목, 어깨, 손목, 무릎, 발목의 위치 및 이들을 연결한 골격 추출 기능
  - OpenPose_face : OpenPose + 상세한 얼굴 구성 요소
  - OpenPose_hand : OpenPose + 손(손가락 포함)
  - OpenPose_faceonly : 상세한 얼굴 구성 요소
  - OpenPose_full : 전체 요소 포함
- **MLSD** Mobile Line Segment Detection : 참조 이미지에서 수평, 수직, 대각선 등 직선만 추출. 곡선은 모두 무시
- **SoftEdge** : Canny와 유사하게 원본 이미지의 외곽선을 따와서 참조할 수 있도록

한다. Canny는 이미지의 경계를 0과 1로만 표현하기 때문에 세밀한 제어가 쉽지 않은데, SoftEdge의 경우 다소 부드럽고 자연스러운 이미지 외곽선을 참조할 수 있다.

- **Line Art** : 외각선을 추출하는 기능
  - Line art anime : 애니메이션 스타일의 외곽선 추출
  - Line art anime denoise : 애니메이션 스타일에서 간략하게 외곽선 추출
  - Line art realistic : 실사 스타일의 외곽선 추출1
  - Line art coarse : 실사 스타일에서 거칠고 굵게 외곽선 추출
- **Scribbles** : 손으로 그린 낙서처럼 추출하는 기능
  - Scribble HED : HED Holistically-Nested Edge Detection 기법을 이용해 참조 이미지의 윤곽, 가장자리를 따서 손으로 그린 것과 같은 스타일로 구성
  - Scribble Pidinet : Pidinet Pixel Difference network) 기법을 이용해 곡선, 직선 등의 윤곽을 개략적으로 추출
  - Scribble xdog : XDoG EXtended Difference of Gaussian 기법을 이용하는 것으로 마치 조각칼로 윤곽을 새긴 듯한 스타일로 구성
- **Segmentation** : 참조 이미지에 들어 있는 각종 객체를 인식하고 각기 다른 색으로 표시하여 구분하는 기능. 객체를 인식하는 데 쓰이는 데이터 집합에 따라 ufade20k, ofade20k, ofcoco 등 세 가지 옵션이 있다.
- **Shuffle** : 참조 이미지를 마치 휘저은 듯이 재구성
- **Tile resample** : 이미지를 확대할 때 쓴다. 참조 이미지를 바둑판처럼 여러 구획으로 나눈 후 하나씩 확대해 결합하여 고화질의 이미지를 만들어낸다.
- **Inpaint** : img2img 메뉴에 있는 것처럼 인페인팅 작업을 수행하는 컨트롤넷 기능
- **Instruct Pix2Pix(iP2P)** : 이미지의 특정 부분이나 분위기를 텍스트 명령으로 변화시키는 기능
- **Reference** : 참조 이미지와 유사한 이미지를 생성하는 기능. 아래 세 가지로 나뉘

어 있지만 큰 차이는 없다.

- Reference adain: Adaptive Instance Normalization(AdaIN. 적응형 인스턴스 표준화)을 이용한 스타일 추출

- Reference only: 참조 이미지를 attention layer(관심 레이어)에 직접 연결

- Reference adain+attn: 위의 두 방식을 조합한 기능

- **T2IA**Text-to-Image Adpater: 기본 이미지 생성 모델에 추가적인 가이드를 제공하는 작은 네트워크라고 할 수 있는데, 원래의 모델을 고정한 상태에서 다양한 조건에 따라 이미지를 생성한다. VRAM이 작은 경우도 잘 작동하도록 설계되어 있는 것이 특징이고, 기존 다른 방식과 유사하지만 조금씩 다른 결과를 보여주기 때문에 필요에 따라 적용할 수 있다.

- Color grid T2i 어댑터: 이미지의 색조와 질감 변형

- Sketch PIDI T2i 어댑터: 스케치를 사실적인 이미지로 변환

- Style CLIP vision T2i 어댑터: 텍스트 설명을 기반으로 다양한 스타일의 이미지 생성

필자의 유튜브 채널(https://youtu.be/vQcoosKrzkY)에 있는 〈[Stable Diffusion web UI] 1.0에서 업데이트된 ControlNet 1.1 모델 살펴보기〉 영상에서 각 모델 예시를 볼 수 있다.

ControlNet이 자주 업데이트되면서 추가 또는 삭제되기도 하고, 이름과 기능이 바뀌기도 한다. 어떤 것들은 전혀 작동하지 않고, 개발이나 테스트 목적상 이름으로만 존재하기도 한다. 수시로 확인할 필요가 있다.

9장
간단한 스케치로 명화 만들기

어떤 구도의 그림을 머릿속에 구상하고 적합한 프롬프트를 제대로 작성한다면 예상에서 크게 벗어나지 않은 이미지를 얻어낼 수도 있겠지만, 상당한 시행착오를 겪고 시간과 노력을 들여야 한다. 하지만 컨트롤넷을 활용한다면 비교적 쉽게 이런 유형의 이미지를 생성할 수 있다.

8장에서 살펴본 바와 같이 컨트롤넷에는 여러 개의 전처리 방법과 모델이 있는데, 내가 염두에 둔 이미지를 얻기 위해서는 개략적인 밑그림을 직접 그리고, 프롬프트로 상세한 지시를 전달하면 된다. 이 작업을 위해서는 먼저 원하는 구도의 밑그림을 그리기 위한 모델이 있어야 한다.

이 장에서는 명화 스타일의 그림을 생성하는 법을 알아보겠다. [txt2img]나 [img2img] 둘 다에서 할 수 있는데, [txt2img] 페이지에서 하는 법을 알아보겠다.

해지는 바닷가 절벽에 있는 집을 그리고 싶다고 해보자. 우선 [txt2img]를 선택한 뒤 컨트롤넷 메뉴를 펼친다.

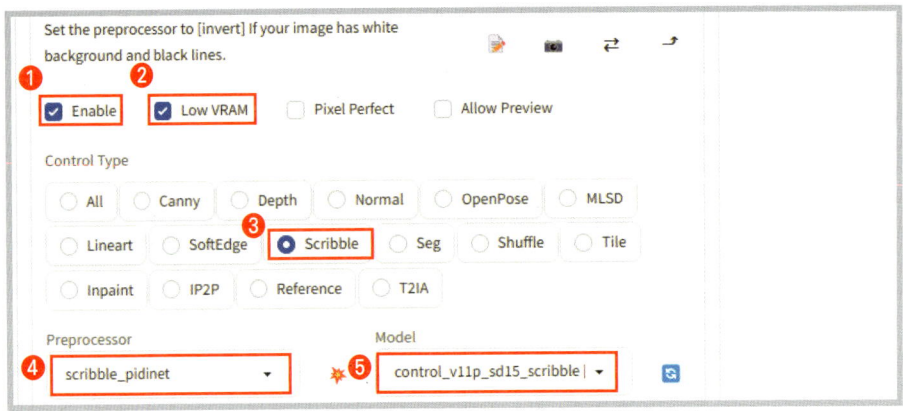

❶ 'Enable'을 체크하고, ❷ 'Low VRAM'은 필요하다면 체크한다. ❸ 'Control Type' 에서 밑그림을 그려 이를 바탕으로 처리하는 'Scribble'을 선택한다. 그러면 자동 으로 ❹ 'Preprocessor'는 'scribble_pidinet'으로, ❺ 'Model'은 'control_v11p_sd15_scribble'로 지정된다.

다음으로 밑그림을 그릴 그림판canvas을 만들어야 한다.

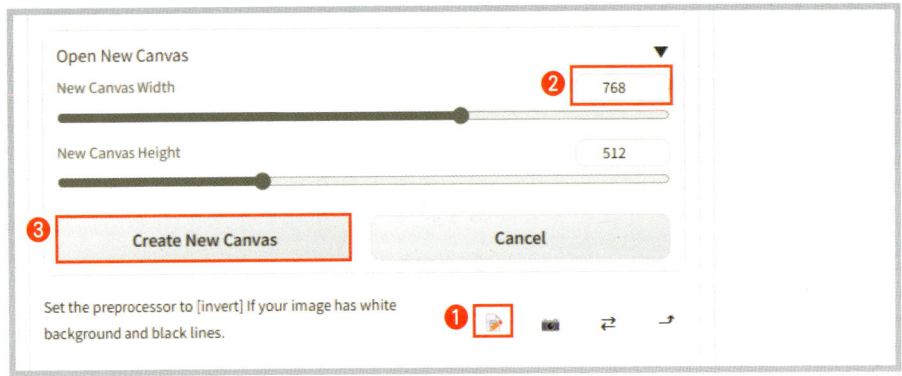

❶을 클릭하면, 그 위로 'Open New Canvas' 창이 나타난다. 여기에서 그림판의 크기를 설정한다. 기본값은 '512 × 512'이지만, 지금은 ❷가로폭New Canvas Width

을 '768'로 수정해보자. 크기는 필요에 따라 수정하면 된다. 그다음 ❸[Create New Canvas] 단추를 클릭한다.

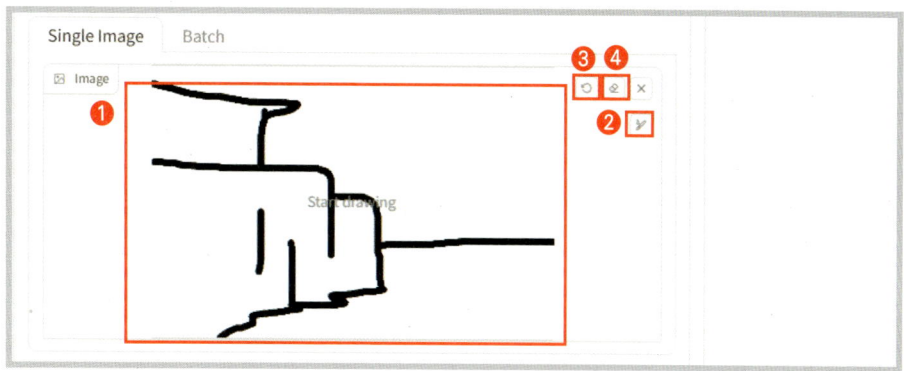

지정한 크기로 빈 그림판이 생성되면 ❶그림판에 구현하고자 하는 이미지의 밑그림을 마우스나 스타일러스로 그린다. 여기에서는 ❷굵기 조절을 이용해 펜의 굵기도 적절하게 조정하고, 잘못 그린 부분이 있다면 ❸새로고침으로 되돌리거나 ❹지우개로 그림을 완성한다. 정교하기 않고 대충 그려도 된다. 밑그림으로 대략적인 분위기를 잡고, 구체적인 내용은 프롬프트로 관리하면 된다.

 그림판에 직접 그림을 그릴 수도 있지만, 따로 그림을 그린 뒤에 이 그림판으로 가져와도 된다.

 밑그림을 그렸다면 프롬프트를 입력하고, 필요한 옵션을 설정할 차례다. 여기에서는 프롬프트를 아래와 같이 넣어보자.

"house on a cliff, sea, waves, horizon, sunset"

만약 [img2img]에서 작업한다면 작업창에 참조 이미지를 넣고 [Interrogate CLIP] 단추를 눌러 프롬프트를 자동으로 생성한 뒤 수정, 보완하면 된다.

❶프롬프트를 입력하고 샘플링 방법은 ❷'Euler a', ❸샘플링 단계는 '40'으로 한다. 이런 설정값은 특별한 이유가 있어서 선택한 것은 아니다. 마음에 드는 결과를 얻을 수 있도록 다양한 값들을 시도해보는 것이 좋다. 그림의 크기는 폭은 ❹ '768'로 지정하고, 결과 이미지는 2장이 나오도록 ❺ 'Batch count'는 '2'로 지정했다.

설정을 모두 마무리했다면 [Generate]를 눌러 이미지를 생성한다. 미리 그린 밑그림과 각종 설정값을 바탕으로 왼쪽과 같은 그림을 생성할 수 있다. 마음에 드는 이미지가 없다면 각종 설정값들을 다양하게 바꿔가면서 결과를 확인하도록 한다.

몇 가지 밑그림과 결과물의 예를 살펴보자. 아래 그림들에서 왼쪽이 밑그림, 오른쪽이 결과 이미지이다.

"lovely pine tree, bicycle, snowy day, pastel painting"

"turtle racing into someplace"

"flying eagle, mountain, John James Audubon"

마지막 그림은 프롬프트에 예술가의 이름을 넣어서 해당 예술가의 스타일이 적용되도록 한 예시 이미지를 보자. 예시 프롬프트에서는 미국의 조류학자이자 화가인 존 제임스 오듀본 John James Audubon의 이름을 넣어본 것이다.

이렇게 ControlNet을 활용하면, 프롬프트만으로는 해결하기 어려운 그림을 비교적 쉽게 만들어낼 수 있다.

10장
챗GPT를 활용한 프롬프트 작성

텍스트 형태의 답을 구하든, 특정 이미지 형태의 결과를 원하든 생성형 인공지능을 사용할 때 가장 중요한 점은 바로 적절하고 효과적인 프롬프트를 작성하는 것이다. 머릿속으로 구상하는 결과물의 구성을 텍스트로 표현하는 것은 정말 어려운 일이어서 사실 대부분의 사용자들은 단편적인 단어의 나열에 의존하는 경우가 많다. 그나마 img2img 기능이나 컨트롤넷과 같은 추가 기능의 도움으로 글로 표현하기 어렵거나 애매한 부분을 보완할 수 있어 다행이기는 하다. 그렇다고 해도 더 세밀하고 정교한 프롬프트가 아쉬울 수 있다.

그럴 때 한 가지 생각해볼 수 있는 것이 바로 대화형 인공지능 서비스인 챗GPT를 이용하는 것이다. 챗GPT에서 프롬프트를 만들어달라고 요청하는 것이다. 물론 Stable Diffusion web UI에 사용할 좋은 프롬프트를 제공할 수 있도록 적절한 방법으로 대화를 유도해야 한다.

현재 이 서비스는 무료 버전과 유료 버전(챗GPT Plus)이 있는데, 지금 우리가 하려는 작업에는 무료 버전으로도 충분하다. 챗GPT의 구체적인 활용 방법은 다른 자료를 참고하도록 하고, 이 장에서는 챗GPT에게 스테이블 디퓨전을 위한 프롬프트를 만들도록 학습을 시키고, 요청에 따라 필요한 프롬프트를 작성하게 하는 방법을 알아보자.

챗GPT 학습 시키기

챗GPT는 구글이나 마이크로소프트, 애플 계정이 있으면 바로 사용이 가능하다. 사용자 등록을 하고 로그인하면 다음과 같이 메인 화면이 뜬다.

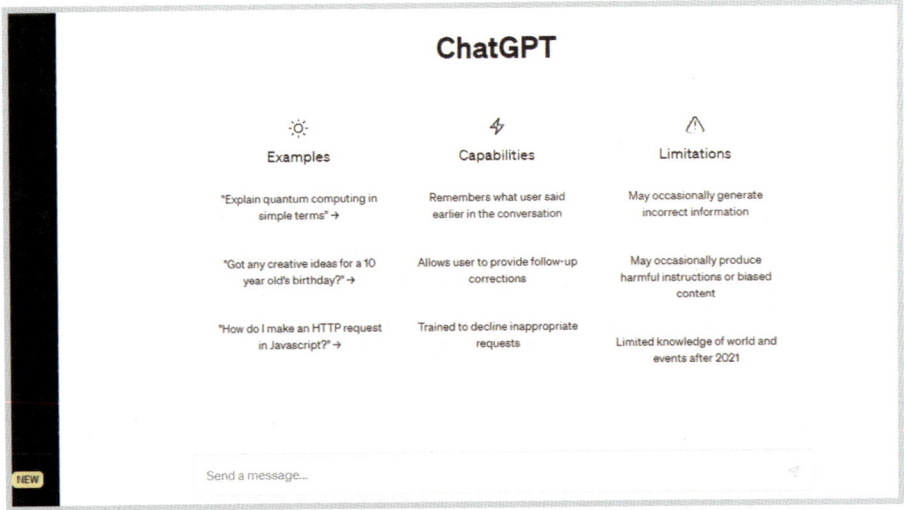

챗GPT의 새로운 대화창에 학습을 위한 명령어(프롬프트)를 입력한다. 예시로 다음 내용을 입력해보자.

> I want you to help me make prompts for the Stable Diffusion.
> Stable Diffusion is a text-based image generation model that can create diverse

and high-quality images based on users' requests. In order to get the best results from Stable diffusion, you need to follow some guidelines when composing prompts.

Here are some tips for writing prompts for Stable Diffusion:

1. Be as specific as possible in the requests. Stable diffusion handles concrete prompts better than abstract or ambiguous ones. For example, instead of "portrait of a woman," it is better to write "portrait of a Korean woman with brown eyes and red hair in Renaissance style."
2. Specify specific art styles or materials. If you want to get an image in a certain style or with a certain texture, then specify this in the request. For example, instead of "landscape," it is better to write "watercolor landscape with mountains and lake."
3. Specify specific artists for reference. If you want to get an image similar to the work of some artist, then specify his name in the request. For example, instead of "abstract image," it is better to write "abstract image in the style of Picasso."
4. Don't use any pronouns.
5. Avoid using these words: in a, a, an, the, with, of, and, is, of, by
6. Weigh your keywords. You can use token:1.3 to specify the weight of keywords in your query. The greater the weight of the keyword, the more it will affect the result. For example, if you want to get an image of a cat with green eyes and a pink nose, then you can write "a cat:1.5, green eyes:1.3, pink nose:1." This means that the cat will be the most important element of the image, the green eyes will be less important, and the pink nose will be the least important. Another way to adjust the strength of a keyword is to use () and [ ]. (keyword) increases the strength of the keyword by 1.1 times and is equivalent to (keyword:1.1). [keyword] reduces the strength of the keyword by 0.9 times

and corresponds to (keyword:0.9).

You can use several of them, as in algebra... The effect is multiplicative.
(keyword) : 1.1
((keyword)) : 1.21
(((keyword))) : 1.33

Similarly, the effects of using multiple [] are as follows
[keyword] : 0.9
[[keyword]] : 0.81
[[[keyword]]] : 0.73

I will also give some examples of good prompts for Stable Diffusion so that you can study them and focus on them.

Examples:
a cute kitten made out of metal, (cyborg:1.1), ([tail | detailed wire]:1.3), (intricate details), hdr, (intricate details, hyperdetailed:1.2), cinematic shot, vignette, centered

medical mask, victorian era, cinematography, intricately detailed, crafted, meticulous, magnificent, maximum details, extremely hyper aesthetic a Korean girl, wearing a tie, cupcake in her hands, school, indoors, (soothing tones:1.25), (hdr:1.25), (artstation:1.2), dramatic, (intricate details:1.14), (hyperrealistic 3d render:1.16), (filmic:0.55), (rutkowski:1.1), (faded:1.3)
Jane Eyre with headphones, natural skin texture, 24mm, 4k textures, soft cinematic light, adobe lightroom, photolab, hdr, intricate, elegant, highly detailed, sharp focus, ((((cinematic look)))), soothing tones, insane details, intricate details, hyperdetailed, low contrast, soft cinematic light, dim colors, exposure blend, hdr, faded

> a portrait of a laughing, toxic, muscle, god, elder, (hdr:1.28), bald, hyperdetailed, cinematic, warm lights, intricate details, hyperrealistic, dark radial background, (muted colors:1.38), (neutral colors:1.2)
>
> My query may be in other languages. In that case, translate it into English. Your answer is exclusively in English (IMPORTANT!!!), since the model only understands English.
> Also, you should not copy my request directly in your response, you should compose a new one, observing the format given in the examples. Finally, give three prompts always. Insert two empty lines after the end of each prompt. Don't add your comments, but answer right away.
> If you are ready, just let me know.

챗GPT는 잘 알려진 바와 같이 2021년 9월까지 발생한 정보만 학습되어 있어서, 스테이블 디퓨전 프롬프트가 무엇인지 모른다. 이를 알려주고 내가 필요한 게 어떻게 구성되어야 하는지 일단 가르쳐주어야 한다. 내용이 많거나 복잡하면 여러 차례에 걸쳐 나누어 입력해도 되지만, 이 정보 분량은 한 번에 적용할 수 있어 여기에서는 그대로 시행한다. 참고로 이 프롬프트는 필자의 경험에 따라 수시로 바꿔가면서 사용하는 것이다. 물론 구체적인 내용은 사용자마다 다를 수 있으니 위 내용을 상황에 맞게 수정하고 보완하면 된다. 위 프롬프트는 출판사 홈페이지에 정리해두었다.

 이 내용을 대화창에 입력하고 챗GPT가 스테이블 디퓨전 프롬프트를 출력할 때까지 기다린다.

> I'm ready to assist you with creating prompts for Stable Diffusion. Please provide me with the information you would like to include in the prompts, and I'll generate three prompts for you to use. Remember to follow the guidelines provided and avoid using pronouns.

준비를 알리는 대답은 항상 다르게 나온다. 스테이블 디퓨전에서 같은 프롬프트를 제공해도 항상 다른 이미지가 나오는 것처럼 챗GPT 역시 같은 걸 물어봐도 항상 다른 방식으로 대답한다.

이제 예시로 이미지를 만들어보자.

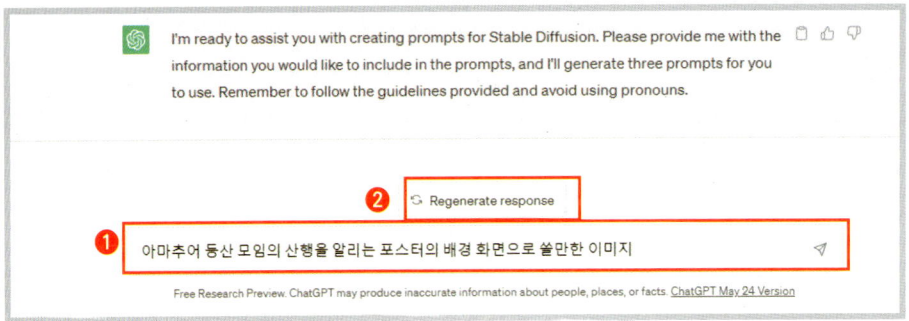

web UI에서 이미지 생성에 필요한 프롬프트는 영어로 작성해야 하지만, 챗GPT에게 요청할 때에는 어떤 언어로 작성해도 상관없다. 처음에 챗GPT를 준비시키기 위한 프롬프트에서 어떤 언어로 요청해도 결과 프롬프트는 영어로 작성하도록 학습시켰기 때문이다.

❶ '아마추어 등산 모임의 산행을 알리는 포스터의 배경 화면으로 쓸만한 이미지'라고 입력해보았다. 이보다 더 상세하게 입력해도 되고, 그냥 한 단어로 입력해도 된다. 챗GPT는 생성형 인공지능이라 나름대로 부족한 부분을 상상해 채워준다.

결과 프롬프트는 3개가 나온다. 항상 3개의 결과를 만들어달라고 학습시켰기 때문이다. 결과를 살펴보고, 마음에 들지 않거나 부족하다고 느낀다면 ❷[Regenerate response] 단추를 눌러 새 결과를 요구한다.

결과 프롬프트는 다음과 같이 설명(밑줄 친 부분)과 함께 프롬프트가 길게 나올 때도 있고, 프롬프트 3개만 번호를 붙이거나 또는 번호 없이 나열만 해서 보여주기도 한다. 매번 나열되는 방식이 달라진다.

An image of a breathtaking mountain range at sunrise, (vibrant colors:1.2), (dramatic lighting:1.3), (crisp details), (nature photography), (adventure vibes), (captivating scenery), (prominent peaks), (immersive perspective), (majestic landscape), (striking composition)

A picturesque forest trail with dappled sunlight filtering through the trees, (serene atmosphere:1.25), (lush greenery:1.3), (tranquil setting), (nature exploration), (inviting pathway), (peaceful ambiance), (harmonious colors), (natural beauty), (wanderlust-inspiring), (immersive experience), (nature escape)

A panoramic view of a tranquil lake nestled among towering mountains, (reflective waters:1.2), (serene atmosphere), (stunning reflections), (mountainous backdrop), (serenity in nature), (captivating landscape), (harmony of elements), (soothing colors), (idyllic getaway), (scenic serenade), (serene retreat)

3개의 결과 프롬프트 중 괜찮은 것을 하나 임의로 선택해 이미지를 만들거나, 하나씩 번갈아 시도해보는 것도 좋다. 여기에서는 결과 3개를 동시에 이용하는 방법을 알아보겠다.

우선 스테이블 디퓨전의 메인 페이지로 이동해 [txt2img] 페이지 하단의 'Script' 항목으로 간다. 'Script' 항목에서 'prompts from file or textbox'를 선택한다. 그러면 아래와 같이 관련 항목이 펼쳐진다.

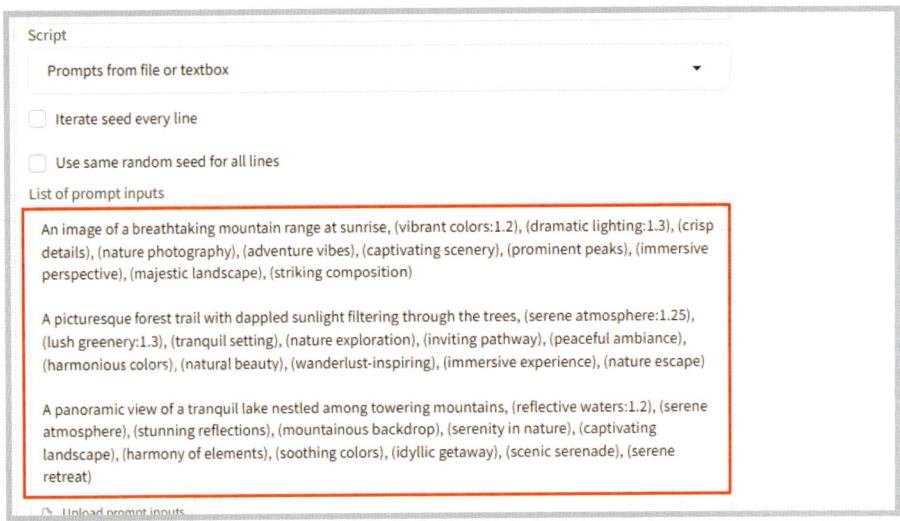

펼쳐지는 화면에서 'List of prompt inputs' 상자에 챗GPT로 얻는 프롬프트 3개를 모두 입력한다. 이때 각 프롬프트 사이에 한 행씩 띄어준다.

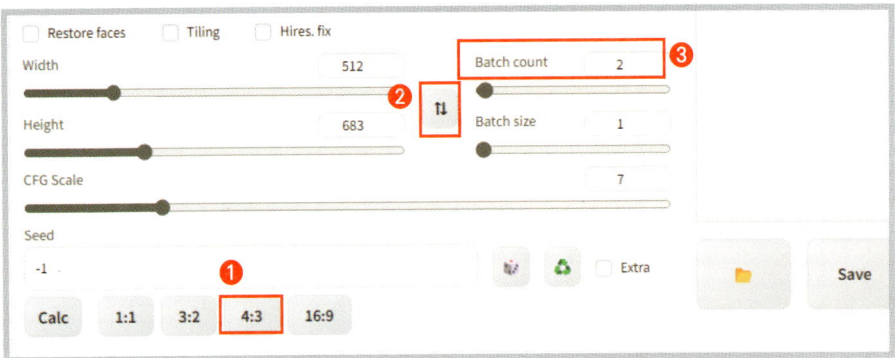

이제 필요한 옵션값들을 지정하고 이미지를 생성하면 된다. 이미지 크기와 이미지 생성 개수만 정하고 나머지는 기본값으로 사용해보자.

❶ 이미지 크기는 [4:3]으로 선택하고, 포스터이기 때문에 세로로 길어지도록 ❷를 눌러 가로와 세로를 바꿔준다. ❸ 'Batch count'를 2로 해 프롬프트 하나당 이미지가 2개씩 생성되도록 한다.

참고로 [txt2img] 페이지 자체의 프롬프트 상자에는 아무것도 입력하지 않는다. 참고로 이제 [Generate]를 눌러 이미지를 출력한다.

다음의 이미지는 3개의 프롬프트에 대해 각각 2개식 출력된 이미지(위에서 나온 프롬프트 순서대로)와 챗GPT에게 "통계학 특강을 알리는 포스터의 배경 이미지. 기하학적 도형으로 구성된 이미지"를 만들어달라고 요청해 얻은 3개의 프롬프트로 만든 이미지이다.

물론 이 책을 따라 프롬프트를 입력한다고 해서, 다음의 이미지와 똑같은 이미지를 얻을 수는 없다. 자신에게 필요한 이미지가 나올 때까지 계속 시도해보자. 이렇게 나온 이미지 중 괜찮은 것을 골라 이를 배경으로 포스터를 작성한다면, 인터넷에서 찾은 이미지의 저작권을 하나하나 찾거나, 사용 후에 저작권 침해로 문제가 되는 등의 곤란한 일 없이 창의적인 결과물을 만들어낼 수 있다.

챗GPT와 유사한 구글 바드 Google Bard (https://bard.google.com/)를 이용할 수도 있지만, 바드의 경우는 학습을 시켜도 제대로 결과를 만들지 못한다. 있는 사실을 찾아내 정리하거나 코딩 영역의 경우에는 무난하지만, 창작의 영역에서는 챗GPT가 비교적 우수하다고 볼 수 있다. 하지만 이런 차이도 시간이 지남에 따라 많은 변화가 있을 수 있으니 사용자 입장에서는 다양하게 시도해보는 것이 좋다.

"아마추어 등산 모임의 산행을 알리는 포스터의 배경 화면으로 쓸만한 이미지"로 챗GPT가 뽑아준 프롬프트들로 만든 이미지

"통계학 특강을 알리는 포스터의 배경 이미지. 기하학적 도형으로 구성된 이미지"로 챗GPT가 뽑아준 프롬프트들로 만든 이미지

11장
파워포인트 스톡 이미지의
사람과 캐릭터 활용

많은 사용자들이 즐겨 쓰는 MS 파워포인트에는 이미지 처리와 관련한 많은 기능이 있다. 특히, 사진이나 그래픽 등 이미지를 생성하거나 다른 곳에서 확보해 사용하는 데 어려움을 겪는 사용자들에게 위해 이미지를 꺼내 쓸 수 있도록 하는 스톡 이미지는 정말 유용하다.

파워포인트 상단 메뉴에서 '[삽입] 〉 [그림] 〉 [스톡 이미지]'로 들어가면 이미지, 아이콘, 사람 컷아웃, 스티커, 비디오, 일러스트레이션, 만화 캐릭터로 구분된 다양한 이미지들을 볼 수 있다. 이 이미지들을 바로 사용하는 것도 나쁘지 않지만, 파워포인트 사용자라면 누구나 사용할 수 있는 것이어서 다른 사용자와 차별화한 결과물을 만들려고 할 때에는 다소 부족함을 느낄 수밖에 없다. 스톡 이미지를 바탕으로 스테이블 디퓨전에서 변형해 사용하면 나름대로 독특한 나만의 이미지를 생성해 활용할 수 있다.

그러나 변형해서 사용하려고 한다면, 사진과 같은 이미지는 다른 곳에서도 충분히 구할 수 있다. 파워포인트 스톡 이미지의 차별성은 사람 컷아웃과 만화 캐릭터에 있다.

파워포인트 스톡 이미지의 사람 컷아웃에서는 다양한 표정과 동작의 인물 사진을 투명한 배경 이미지로 제공한다. 간편하게 사용할 수 있고, 파워포인트 슬라이드 내에서 사용하기에는 큰 무리가 없지만, 해상도가 그리 높지 않다. 무엇보다 다양한 인종이나 연령대의 남녀 인물들이 포함되어 있지만, 한국 사람처럼 보이는 인물 사진은 거의 없다. 이런 이유로 실제 업무에 적용할 때 이질감이 들 수 있다.

또 다른 기능인 만화 캐릭터 영역은 주로 인물을 표현하지만, 말 그대로 펜으로 그린 만화 스타일의 인물 이미지를 제공한다.

전문적인 슬라이드에 사용하기에는 너무 단순한 스타일이지만, 신체의 구성 요소를 조합해 원하는 캐릭터를 구성할 수 있다는 장점이 있다. 이렇게 만든 이미지를 그대로 사용하기보다는 스테이블 디퓨전으로 다듬어서 더 세밀한 이미지로 만든다면 결과물의 질을 높일 수 있을 것이다.

사람 컷아웃과 만화 캐릭터를 활용해 색다른 이미지를 생성해 보도록 하자.

사람 컷아웃 인물을 한국인으로 변환하기

스톡 이미지 인물 컷아웃에서 이미지를 선택하고 그림으로 저장해보자.

❶ 이미지를 선택한 후 ❷ [삽입]을 눌러 슬라이드로 보낸다. 이미지는 사용 용도에 어울릴 법한 것으로 적당하게 선택하면 된다.

파워포인트 슬라이드에서 그림을 클릭한 후 마우스의 오른쪽 버튼을 누르고 [그림으로 저장]을 선택해 적당한 이름으로 저장한다.

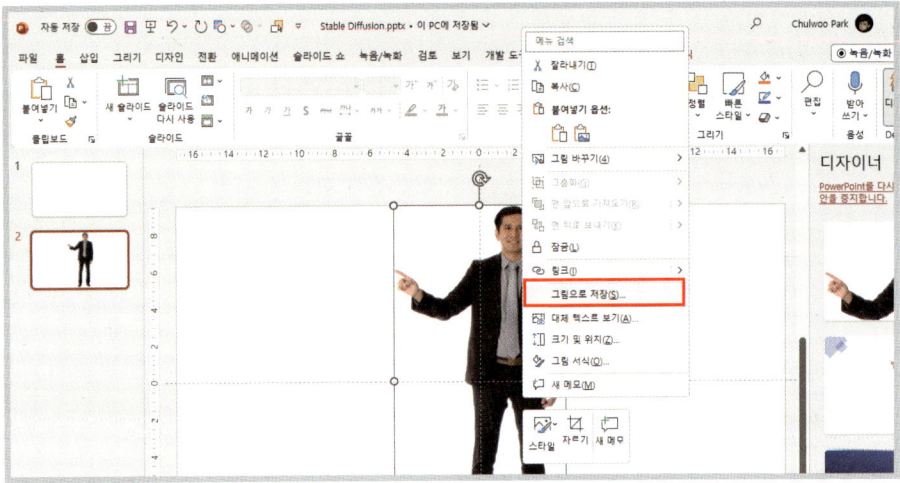

그리고 이 이미지를 수정하기 위해 web UI로 이동한다.

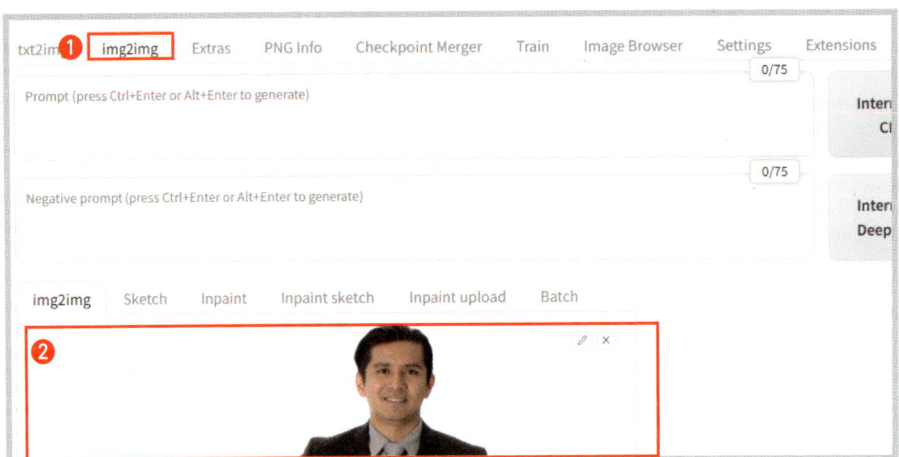

❶ [img2img] 화면으로 이동하고 ❷ 이미지 가져오기 창에 저장한 그림을 불러온다.

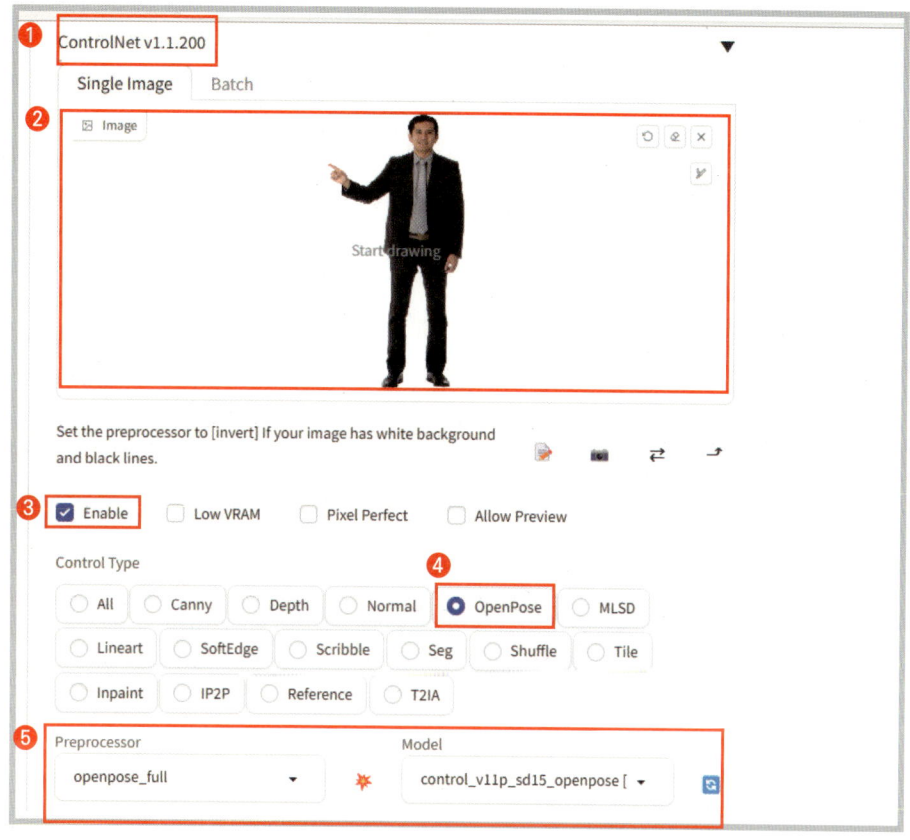

❶ 인물의 포즈를 그대로 사용하기 위해 'ControlNet'을 켜고 메뉴를 펼친다. ❷ 이미지를 불러온다. ❸ Enable을 체크해 기능을 켜고 'Control Type'으로 ❹ 'OpenPose'를 선택한다. 이렇게 하면 ❺ 'Preprocessor'와 'Model'은 자동으로 지정된다. 'OpenPose'뿐만 아니라 'Canny'나 'Depth' 등도 다양하게 시도해보자.

다음으로 이미지 생성에 필요한 각종 옵션값을 지정한다. 필요에 따라 여러 값을 원하는 대로 조정하면 된다. 무엇보다 중요한 것은 입력한 이미지의 크기를 정확하게 지정하는 것이다.

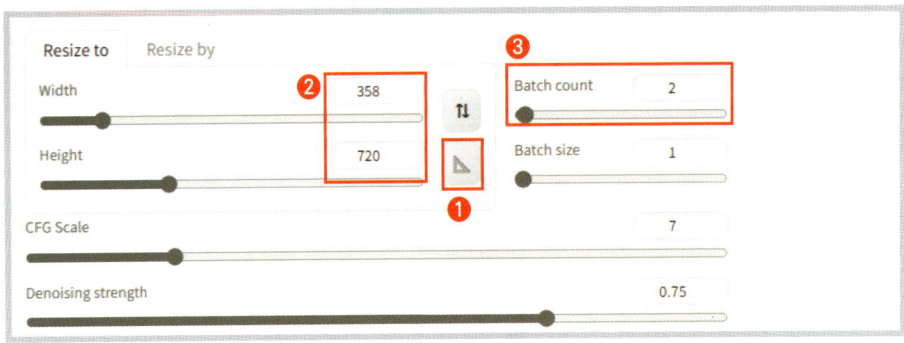

자동으로 이미지의 크기를 가져오는 ❶을 클릭하여 ❷에 가로세로 크기가 자동으로 입력되도록 한다. 여기에서는 ❸ 'Batch count'만 '2'로 조정하도록 한다.

필요한 프롬프트를 입력하고 이미지를 생성한다. 프롬프트에 'a Korean man'이라고 입력한다. 복장 등 상세한 설명을 추가해도 좋고, 3장에서 살펴본 것처럼 인물 표현에 오류를 줄이기 위해 부정 프롬프트를 추가해도 된다. 처음엔 간략하게 진행하고, 결과를 보면서 보완하는 것도 좋은 방법이다. [Generate] 단추를 눌러 이미지를 생성하면 다음과 같이 2장의 이미지가 만들어진 걸 볼 수 있다.

결과 이미지를 바탕으로 프롬프트를 수정하면서 원하는 이미지를 만들면 된다.

배경 제거하기

원본의 이미지는 배경이 투명하다. 그래서 다른 이미지 위에 얹어 넣기가 쉽다. 그렇지만 스테이블 디퓨전으로 새로 변환한 이미지에는 위 결과 이미지에서 보듯이 배경이 생긴다. 특별하게 배경을 어떻게 만들어달라는 요구를 하지 않았기 때문에 밋밋하게 나왔지만, 생성할 때마다 배경 스타일이 달라진다.

물론 파워포인트나 기타 이미지 편집 프로그램으로 옮겨 배경 제거 작업을 추가로 할 수 있지만 확장을 설치해서도 할 수 있다. 아주 정교한 작업을 할 수 있는 것은 아니지만 일반적으로 사용하는 데 문제는 없다. 배경을 제거하는 확장을 설치해서 이미지를 생성하면서 배경도 투명하게 만들어보자. 확장을 설치 및 활용하는 방법을 간략하게 살펴보겠다.

먼저 확장 페이지([Extensions] > [Available])로 간다. 배경 제거와 관련한 확장이 여러 가지 있는데 이 중에서 ABG_extension editing을 설치하도록 한다. 확장 설치에 대해서는 5장의 설명을 참고하자.

ABG_extension editing 확장이 정상적으로 설치되었다면 다음과 같이 메인 화면 하단의 'Script' 목록에 [ABG Remover]가 추가된다.

'ABG Remover'를 선택한 후 생성 작업을 진행하면 배경이 투명한 이미지를 만들 수 있다. 다음과 같이 결과창에 배경이 있는 이미지와 이를 이용해 배경을 투명하게 만든 이미지, 배경만 추출해낸 참조 이미지 등이 모두 만들어진다.

이렇게 배경이 투명한 이미지를 필요한 배경 등 이미지에 합성하면 다양하게 활용할 수 있다.

🎨 만화 캐릭터를 실사 이미지로 변환하기

파워포인트 스톡 이미지 중 만화 캐릭터를 실사 이미지로 변환해보자. 먼저 파워포인트 만화 캐릭터에서 원하는 이미지를 선택하고 그림 파일로 저장한다.

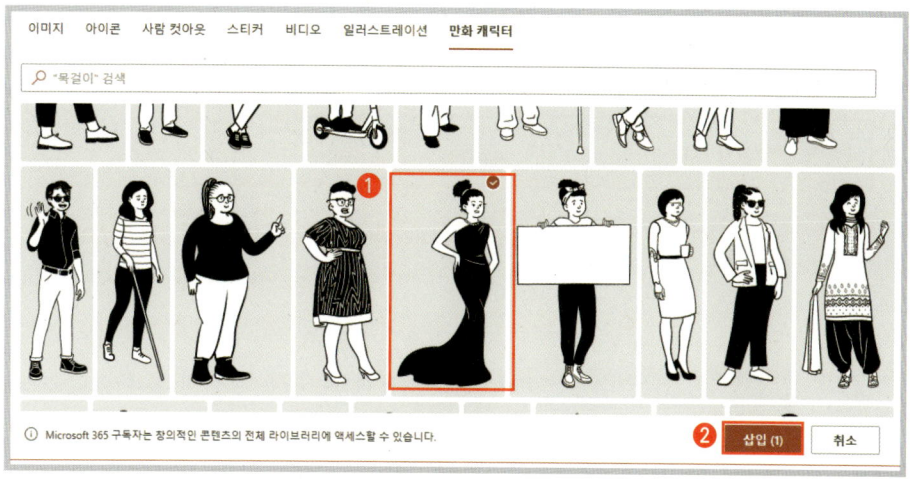

❶이미지를 선택한 후 ❷[삽입]을 눌러 슬라이드로 보낸 이미지를 저장한다. 그리고 이미지를 수정하기 위해 web UI로 이동한다.

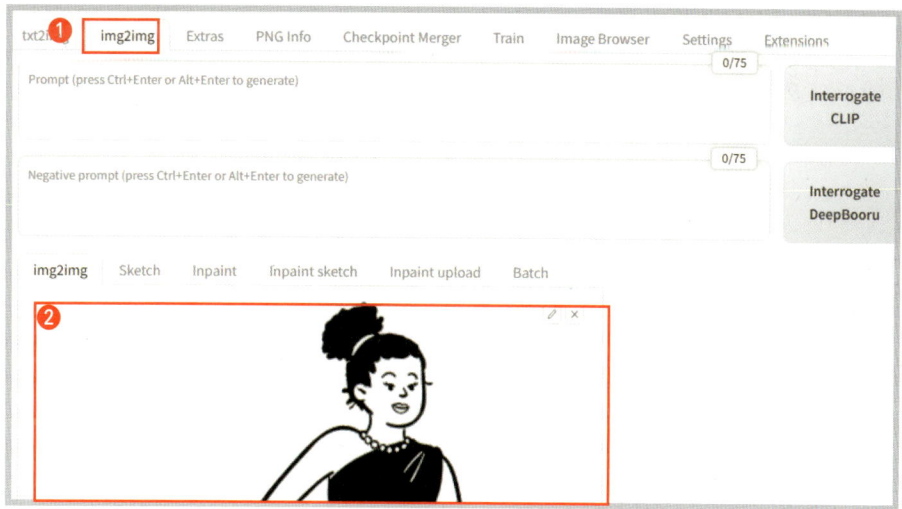

❶[img2img] 화면으로 이동하고 이미지 가져오기 창으로 ❷그림을 불러온다.

다음으로, 프롬프트를 생성하기 위해 원본 이미지를 분석한다. 프롬프트 상자 우측의 ❶[Interrogate CLIP] 단추를 눌러 인공지능이 분석한 프롬프트가 자동으로 창에 ❷입력되도록 한다. 기본 내용을 바탕으로 적절하게 수정, 보완한다. 다음은 자동 생성된 프롬프트를 수정한 예시이다.

- 원본 프롬프트 : a woman in a black dress is standing in the dark with her hand on her hip and her right hand on her hip, Coles Phillips, black background, vector art, art deco
- 수정 프롬프트 : a Korean woman in a red dress is standing in the garden with her hand on her hip and her right hand on her hip, photorealistic, day light

프롬프트를 입력한 뒤에는 이미지 크기를 설정하고 필요한 옵션값을 지정해야 하는데, 방법은 185~186쪽에서 살펴본 것과 동일하다. 이미지 크기는 자동 인식 아이콘을 눌러 자동으로 입력되도록 하고 'Batch count'를 '2'로 바꾼다. ControlNet을 열고 원본 그림을 삽입한 후, 8장에서 다뤘던 것을 참고하여 원하는 'Control Type'을 지정해 그림을 생성한다. 아래 이미지는 수정 프롬프트로 이미지를 생성해 본 것이다.

이렇게 배경이 없는 이미지에 배경을 포함하려고 하면 인공지능은 해당 정보가 없어 깔끔한 결과를 만들지 못한다. 이런 경우에는 컨트롤넷의 'Control Mode'를 조정하면 되는데, 3가지 설정이 있다.

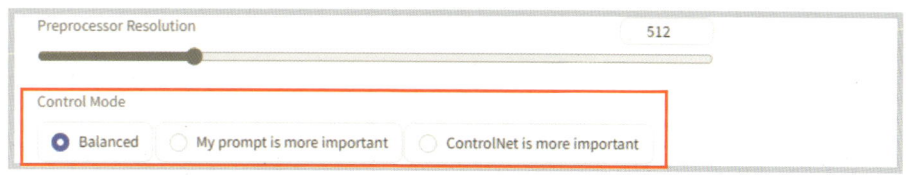

- Balance: 참조하는 원본 이미지와 프롬프트 내용을 균형 있게 반영한다.
- My prompt is more important: 프롬프트 내용을 더 비중 있게 반영한다.
- ControlNet is more important: 원본 이미지를 더 비중 있게 반영한다.

인물 이미지와 배경 합성하기

인물만 있는 이미지에 배경을 집어넣는 일은 쉽지 않다. 가장 좋은 방법은 적당한 이미지 위에 배경이 투명한 인물 이미지를 얹어 일종의 합성 작업을 진행하는 것인데, 전문 편집 프로그램을 원활하게 사용하는 수준이 아니라면 쉬운 일이 아니다. 파워포인트에서 배경과 인물을 대강 결합하고 이 그림을 바탕으로 새로운 그림을 만드는 보다 손쉬운 방법을 알아보자.

먼저 파워포인트에서 합성할 이미지를 불러온다.

그다음 배경과 인물 이미지를 원하는 구도로 겹친 후 그림 전체를 선택해 하나의 그림 파일로 저장한다. 그리고 앞에서와 같이 원본 그림을 Stable Diffusion의 [img2img]로 옮겨 프롬프트를 입력하고, 필요한 옵션값들을 지정한다.

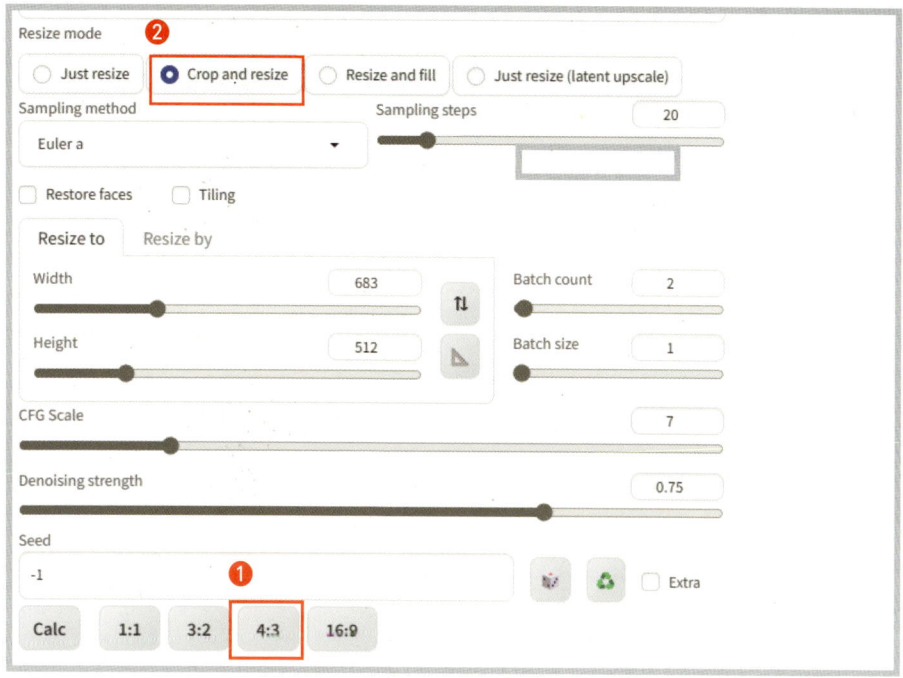

프롬프트는 190쪽에 있는 수정 프롬프트로 입력한다. 이미지의 크기가 상당히 크기 때문에 ❶4:3 비율을 유지하는 기본 크기로 설정하고, 원본과 결과물의 사진 비율이 틀어지는 것을 방지하기 위해 'Resize Mode'는 ❷'Crop and resize'로 한다.

이제 컨트롤넷을 켜고 'Control Type'과 'Control Model'를 지정해 이미지를 생성한다. 다음은 8장에서 설명한 타입과 모델들 중 이미지의 외곽선을 따서 변화를 주는 기능인 'Canny', 이미지의 깊이(입체감)을 표현하는 기능인 'Depth', 사람의 핵심적인 점들을 감지하는 기능인 'Openpose' 타입을 적용한 이미지들이다.

- Control Type : Canny

\- Control Model: Balanced

\- Control Model: My prompt is more important

\- Control Model: ControlNet is more important

- Control Type : Depth

- Control Model: Balanced

- Control Model: My prompt is more important

- Control Model: ControlNet is more important

- Control Type : Openpose

– Control Model: Balanced

– Control Model: My prompt is more important

– Control Model: ControlNet is more important

다음은 Canny, Depth, OpenPose을 동시에 적용하여 생성한 이미지이다. 이렇게 여러 모델을 동시에 적용하면, 더 정교한 스타일로 이미지를 구성할 수 있다.

12장
로라 사용법

스테이블 디퓨전에서 이미지를 생성하면서 체크포인트라고 하는 기본 학습 모델을 참조하게 되는데, 이런 모델을 사용하면서 사용자만의 독특한 스타일을 뽑아내는 일이 쉽지 않다. 그래서 기본 모델과 결합해서 독특한 스타일을 유도하는 수규모이 모델이 필요한데 이를 로라LoRA라고 한다. Low-Rank Adaptation의 약자이다.

로라는 사용자가 직접 만들어서 사용할 수도 있지만, 학습시키는 방법이 쉽지 않고 과정도 복잡하다. 시스템 사양도 좋아야 하고 시간도 오래 걸린다. 다른 생성 모델이나 확장 기능과 마찬가지로, 이미 만들어져 공개된 로라를 잘 활용하는 것만으로도 충분한 효과를 볼 수 있다.

이번 장에서는 AI 모델 이미지 공유 사이트 시빗AI Civitai를 활용해 한복 입은 인물 이미지를 생성하는 예시를 통해 로라 사용법을 알아보겠다.

🎨 한복 입은 인물 이미지 생성하기

우리나라 전통 의상인 한복만을 집중적으로 학습해서 기본 모델로 만든 이미지를 보완하는 로라와 이미지의 화풍을 한국화, 그중에서도 신윤복의 그림처럼 보완하는 로라를 예시로, 전반적인 로라 사용법을 살펴보자.

다음은 기존에 작업을 하던 방식으로 다음의 프롬프트를 입력하여 만든 한복을 입은 인물 이미지이다.

"a Korean woman in hanbok"

한복이 영어로도 'hanbok'이라고 잘 알려져 있어 이 단어 인식이 문제가 되는 것은 아니지만, 일반 생성 모델에 우리가 알고 있는 한복이 충분하게 학습되어 있다고 볼 수 없어서 아무래도 결과 이미지가 만족스럽지 않다. 중국식, 일본식 의복이 만들어지는 경우도 많다.

이럴 때 기본 생성 모델의 한계를 보완하기 위해 한복만을 집중적으로 학습한 소규모의 로라 모델을 적용할 수 있다. 이 로라도 학습한 데이터를 모아놓은 모델이므로 필요한 모델을 찾아 프로그램 폴더에 저장해야 한다. 이럴 때 자주 쓰는 사이트가 시빗AI이다.

1) 시빗AI 홈페이지 https://civitai.com/ 로 이동하여 필요한 로라 모델 파일을 선택한다.

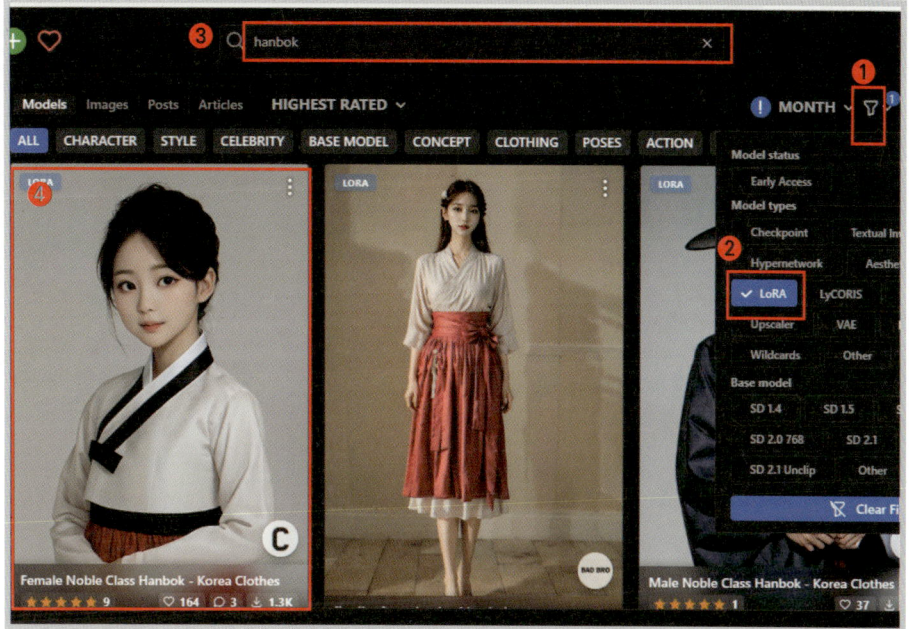

우측 상단의 ❶필터 아이콘을 클릭하여 모델 유형을 ❷LoRA로 선택하고, 상단 검색창에 ❸ 'hanbok'을 입력한다. 검색 결과를 살펴보고 필요한 모델을 선택한다. 여기에서는 여성 양반 한복에 해당하는 ❹ 'Female Noble Class Hanbok-Korea Clothes'를 선택해보았다.

2) 모델 상세 페이지에서 해당 로라 파일을 내려받는다. 새로운 모델을 내려받을 때는 상세 페이지의 설명을 주의 깊게 보면서 저작권이나, 사용 범위, 사용 방법들을 확인할 필요가 있다.

[Download] 단추를 클릭하여 hanbok_w_v10.safetensors 파일을 내려받고, 프로그램이 설치된 폴더에서 'models 〉 Lora' 폴더를 찾아 저장한다.

3) 프롬프트와 필요한 설정 사항들을 입력하기 위해 메인 화면의 ❶[txt2img] 페이지로 들어간다.

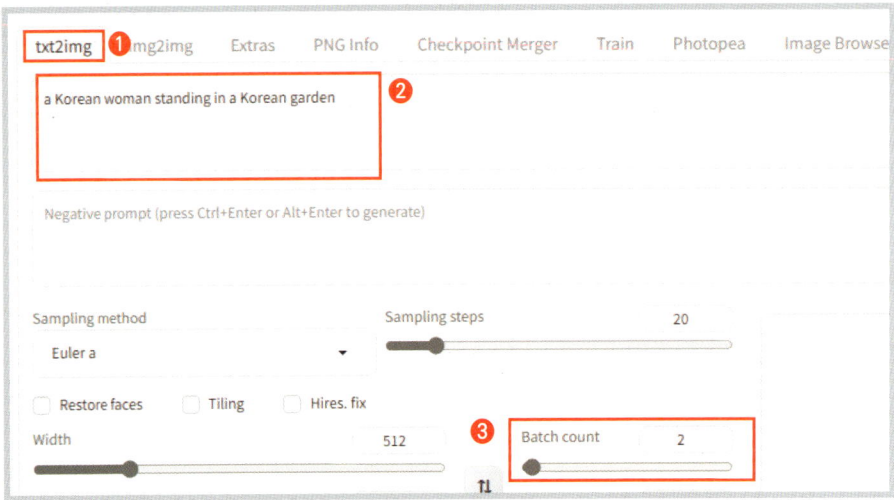

❷프롬프트에 'a Korean woman standing in a Korean garden'이라고 입력하고, 다른 설정은 기본으로 둔 채 ❸ 'Batch count'만 '2'로 지정했다.

4) 이미지와 프롬프트에 로라를 적용한다.

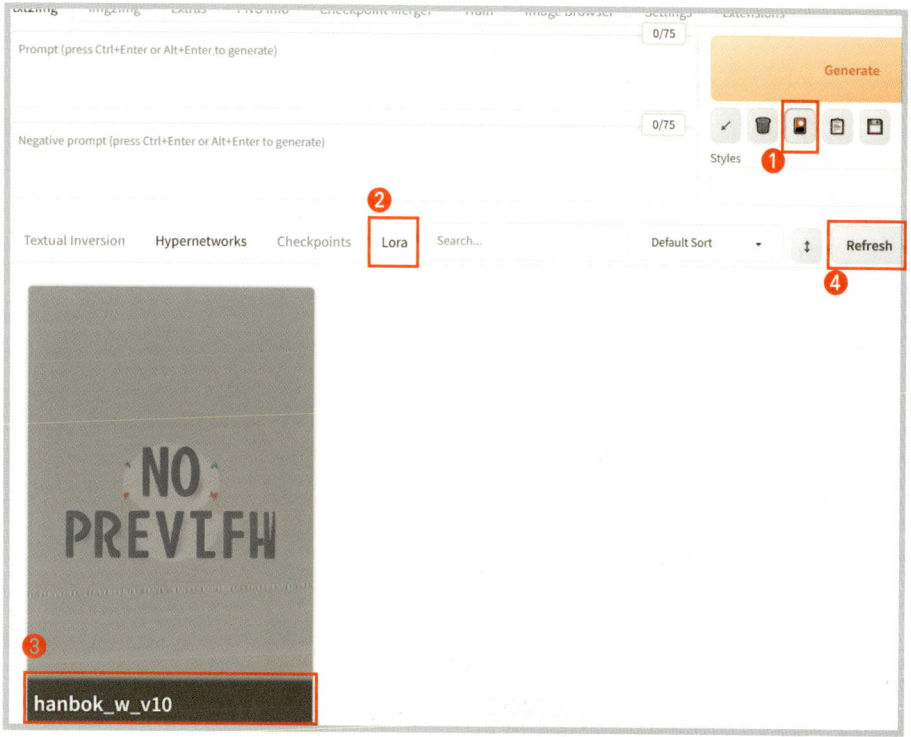

먼저 ❶ 저장 아이콘을 누른다. 아래에 나타나는 여러 탭 중 ❷[Lora] 탭을 선택하면, 중앙에 금방 저장한 ❸ 한복 로라 카드가 보인다.

만약 새로운 모델을 저장한 후 여기에서 로라 카드가 보이지 않는다면 중앙의 ❹ [Refresh] 단추를 누른다.

12장. 로라 사용법 203

프롬프트에 로라 설정값을 넣을 자리를 만들기 위해, 쉼표를 입력하거나 줄을 바꿔 공간을 마련한다. 그다음 이미지 작업창에서 로라 카드를 선택하면 해당 값이 프롬프트에 자동으로 입력된다. 여기에서 입력된 값은 '〈lora:last1234:1〉'이다. 'last1234'가 해당 로라의 고유번호이고 마지막 ':1'은 적용 강도이다. 이 값을 높이면 적용 강도가 세지기는 하지만, 숫자를 높인다고 무조건 좋은 것은 아니다. 해당 로라의 상세 페이지에 적절한 값이 제시되어 있다면 이 권고를 따르도록 하고, 이미지를 생성해보면서 적당한 값을 찾는 것도 좋다. 마지막으로 [Generate] 단추를 눌러 이미지를 생성하면 된다.

위 이미지는 한복 로라를 적용한 경우와 적용하지 않은 경우이다. 로라를 미적용한 이미지는 중국 전통 복장의 느낌이 더 강한데, 적용한 이미지는 우리가 아는 한복과 훨씬 비슷하다.

다음은 프롬프트에 'hanbok'을 넣은 이미지와 한복 로라를 적용한 이미지이다.

- "a Korean woman in hanbok" 프롬프트 사용

- a Korean woman, <lora:last1234:1> 사용

이와 같은 방법으로 신윤복의 화풍을 학습한 로라를 적용해 이미지를 만들어보자. 다음은 시빗AI 홈페이지에서 검색어로 'shinyunbok'을 사용하고 설정을 조정해본 것이다.

- 프롬프트: "a woman with a dog, shinyunbok style, <lora:shinyunbok:1>"
- 설정: Sampler: DPM++ 2M Karras, Model: realisticVisionV20_v207, Steps: 20, CFG scale: 7

- 프롬프트: "a man holding a flower, shinyunbok style, <lora:shinyunbok:1>"
- 설정: Sampler: DPM++ 2S a Karras, Model: ealisticVisionV20_v207, Steps: 25, CFG scale: 7

- 프롬프트: "a woman standing by a bicyle, shinyunbok style, <lora:shinyunbok:1>"
- 설정: Sampler: DPM++ 2M Karras, Model: realisticVisionV20_v207, Steps: 25, CFG scale: 7

13장
SDXL 사용법

스테이블 디퓨전은 인공지능을 이용해 이미지를 생성하는 일종의 알고리즘을 정리한 것이다. 이 알고리즘은 계속 업데이트되고 있다. 그 간격이나 규모가 일정한 것은 아니더라도 꾸준히 변화할 것이다. 2022년 8월에 개발사인 Stability AI에서 이 생성형 모델을 발표했을 때에는 우리가 지금 알고 있는 Stable Diffusion이라는 이름을 사용했다. 그러나 약 1년 후인 2023년 7월 26일에 SDXL이라는 이름의 새롭게 업데이트된 버전을 발표했다. 정확하게는 SDXL 1.0이라고 한다. 베타 버전으로 공개된 SDXL 0.9와 차별화하려는 의도도 있겠지만, 앞으로 이름 자체를 변경하기보다는 버전 번호만 바꾸려는 계획으로 보인다.

그렇다면 사용 방법도 새로 배워야 하는가 하면 그렇지 않다. 우리가 지금 공부하고 있는 Stable Diffusion web UI를 그대로 사용하면 된다. 단지 시스템 사양에 변화가 생겼고, 이미지 생성할 때 사용하는 모델인 체크포인트Checkpoint를 SDXL에 맞는 것으로 선택하면 된다.

준비 사항

SDXL라는 이름으로 업그레이드되었지만 시스템이 요구하는 조건을 충족한 후에, 필요한 준비 사항과 주의 사항만 확인하면 지금까지 배운 방법으로 이미지를 생성할 수 있다.

시스템 필요 사양

Stability AI에서 밝힌 시스템 요구 사항을 살펴보면, 운영 체제는 윈도우 10이나 11, 리눅스여야 한다. 시스템 메인 메모리 RAM은 16GB 이상이 필요하고, 가장 중요한 그래픽 카드는 Nvidia GeForce RTX 20 시리즈 이상, 그래픽 카드의 비디오 메모리 VRAM는 최소 8GB이어야 한다. 리눅스에서는 16GB의 VRAM이 있는 AMD 호환 카드를 사용할 수 있다. 전에 비해 시스템 요구 사항이 높아져서, 그간 조금 힘들지만 이보다 낮은 사양에서도 작업할 수 있었던 사용자들은 이 요구 사항을 맞추지 못하면 느려서 못쓰는 것이 아니라 아예 작업이 진행되지 않는다.

프로그램 업데이트

Stable Diffusion web UI는 최신 버전으로 업데이트한다. 1.5.0 이상이면 되며, 이 책에서 다룬 버전도 1.5.0이다. 버전 정보 작업 화면 맨 하단에서 확인할 수 있다.

생성 모델 확보하기

시스템 사양을 갖추고 프로그램을 최신 버전으로 업데이트했다면 이제 생성 모델, 즉 체크포인트checkpoint를 확보할 차례다. SDXL-base-1.0과 SDXL-refiner-1.0을 내려받으면 된다. SDXL로 이미지를 만들 때에는 기본 모델을 이용해 1차 이미지를 생성한 후 정교화 모델을 이용해 최종본을 만드는 2단계 과정을 거쳐야 한다. 그래서 기본base 모델, 정교화refiner 모델이 필요하다. 향후 이를 통합해서 하나로 만들 계획도 있는 것으로 알려져 있다.

이처럼 개발자들이 새로운 방식을 기반으로 추가 모델들을 만들어 발표하겠지만, 우선은 Stability AI에서 제공하고 있는 모델을 사용한다. Stability AI의 GitHub 페이지(https://github.com/Stability-AI/generative-models)에서 내려받는다. 스크롤을 약간 내리면 'News' 항목에 SDXL-base-1.0과 SDXL-refiner-1.0 파일을 내려받을 수 있는 링크가 보인다. 나중에 새로운 버전이 게시된다면 그때 설명에 따라 새로운 모델을 받으면 된다.

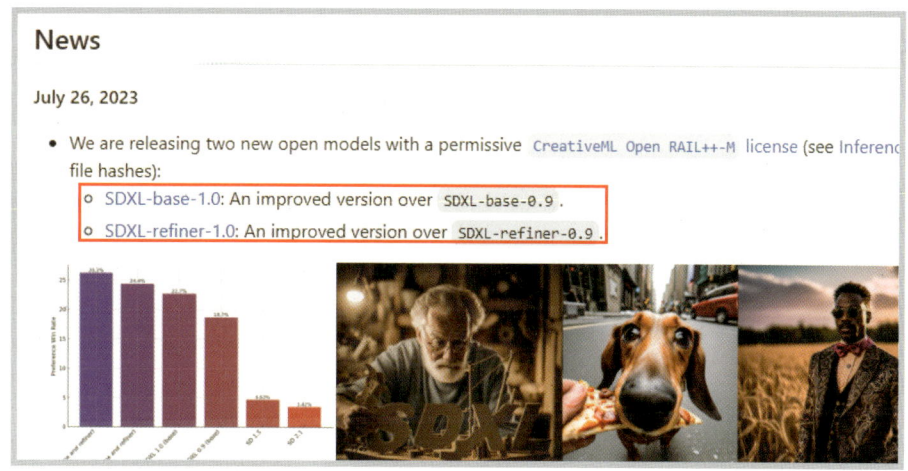

13장. SDXL 사용법 211

SDXL-base-1.0 파일 받기

앞 화면에서 SDXL-base-1.0을 클릭하면 아래와 같은 화면으로 이동한다.

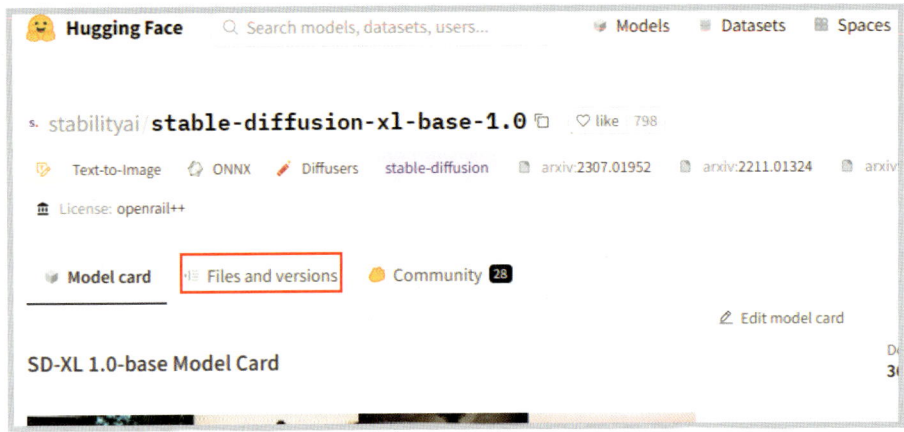

[Files and versions] 탭을 선택한다.

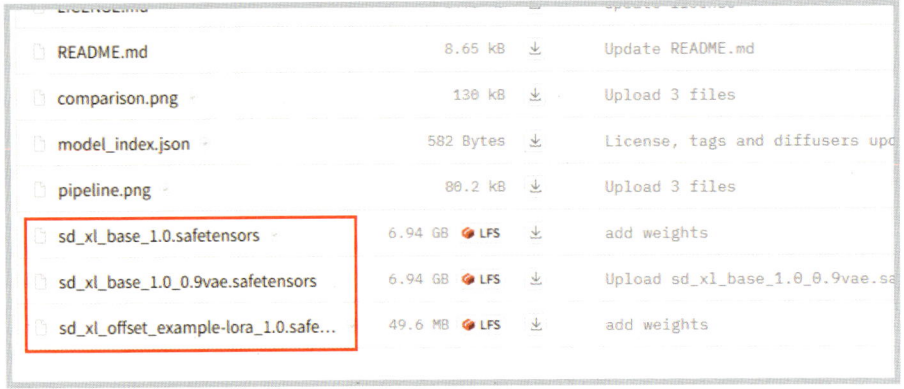

이 페이지에서 내려받을 수 있는 파일은 3개로, 자세한 내용은 다음과 같다.

- sd_xl_base_1.0.safetensors: 기본 모델로 필수이다. 내려받아 다른 모델을 저장

할 때와 마찬가지로 'models > Stable-diffusion' 폴더에 저장한다. 이것만 받아서 바로 사용해도 된다. 바로 아래 설명할 VAE 포함 모델을 사용할 것이라면 그 파일에 포함되어 있으므로 받지 않아도 된다.

- **sd_xl_base_1.0_0.9vae.safetensors**: VAE가 포함된 기본 모델이다. SDXL 최초 발표 시에는 없었으나 추가되었다. VAE variational autoencoder는 생성 모델의 생성 방법을 보완해주는 기술이다. 모델에 따라서 별도의 화풍 파일을 다운받아야 하기도 하고, 모델 자체에 포함되어 있기도 하다. 별도의 파일로 제공하는 경우에는 'models > VAE' 폴더에 저장해두고 이미지 생성 시 선택적으로 사용한다. 만일 별도의 파일 없이 통합해서 제공한다면 일반 생성 모델처럼 'Stable-diffusion' 폴더에 두고 사용하면 된다. 경우에 따라 다르기 때문에, 어떤 게 더 좋은지는 적용해본 후 결과물을 보고 판단한다.

- **sd_xl_offset_example-lora_1.0.safetensors**: 기본 모델을 로라로 보완할 수 있도록 한다. 저장 및 활용 방법은 12장의 로라 설명을 참고하도록 한다. 이 역시 적용 여부는 사용자의 취향에 따라 선택적이다.

SDXL-refiner-1.0 파일 받기

211쪽에서 본 화면에서 SDXL-refiner-1.0을 누르고, 이어지는 화면에서 'Files and versions' 페이지를 선택하면, 내려받을 수 있는 파일들이 있는데, 그중 아래 파일을 둘 다 또는 하나만 받으면 된다.

- sd_xl_refiner_1.0.safetensors
- sd_xl_refiner_1.0_0.9vae.safetensors

정교화 모델을 적용하는 것은 일종의 옵션이어서 반드시 할 필요는 없고, 상황에 따라 적용 여부를 선택하면 된다.

사전 설정 및 주의 사항

SDXL-base-1.0과 SDXL-refiner-1.0을 저장했다고 바로 SDXL로 이미지를 생성하는 것은 아니고 몇 가지 설정이 필요하다.

실행 파일 옵션 설정

우선 webui-user.bat 파일에서 실행 옵션을 손보는 것이 좋다. 우리가 지금까지 사용한 실행 옵션은 아래와 같다.

```
set COMMANDLINE_ARGS=--xformers --force-enable-xformers --autolaunch
```

이를 다음과 같이 수정한다.

```
set COMMANDLINE_ARGS=--xformers --force-enable-xformers --autolaunch --no-half-vae --medvram
```

뒤에 '--no-half-vae'와 '--medvram' 항목을 추가한 것인데 모두 메모리 사용을 최적화하기 위한 옵션이다. 이는 사용자의 컴퓨터 사양에 따라 필요할 수도 있고, 필요가 없을 수도 있다. 이 옵션이 없어도 사용에 문제가 없다면 이 옵션이 없는 것이 속도나 성능 면에서 더 유리하다. 하지만 SDXL이 높은 사양을 요구하기 때문에 컴퓨터 사양에 따라 이 옵션이 없다면 사용이 불편할 수 있다.

생성 이미지 크기와 개수 설정

생성할 이미지 크기는 1024×1024로 한다. 512×512로 하면 다음 예시 화면과 같이 만들다 만 것 같은 깨진 이미지가 만들어진다.

- 프롬프트: city scene with delivery person on motorcycle, (food delivery box:1.2), detailed city buildings, (twilight:1.15), (fast-paced movement:1.25), detailed textures, intricate city lights, (highly detailed:1.1), cinematic perspective, hyperrealistic render
- 설정: Steps: 24, Sampler: DPM++ SDE Karras, CFG scale: 7

이미지 크기는 명확하게 정해져 있는 것은 아니지만 다음 해상도를 권장한다.

- 1024×1024
- 1152×896 또는 896×1152
- 1216×832 또는 832×1216
- 1344×768 또는 768×1344
- 1536×640 또는 640×1536

그리고 한 번에 만들 수 있는 이미지의 개수는 1개로 한다. 그렇지 않으면 메모리 부족으로 에러가 날 가능성이 높다. 또 이미지를 몇 장 생성했다면, UI를 재시작하거나 시스템 자체를 재부팅해 사용한다. 메모리 사용량이 많으면 시스템 성능이 떨어지거나 다른 문제를 일으킬 수 있다.

이미지 생성

이렇게 필요한 준비를 했다면 이미지를 생성해보자. base 모델로 이미지를 생성한 후 refiner 모델로 한 번 더 정교화 과정을 거칠 수도 있다. base 모델로 생성된 이미지를 img2img 페이지로 이동시킨 후 모델을 refiner로 바꿔서 생성하면 된다. 경우에 따라서는 처음 이미지를 생성할 때 base 모델보다 refiner 모델을 사용하면 더 좋은 결과물을 얻을 수 있기도 하다. 이때 주의할 점은 설정 항복에서 'Denoising strength' 값을 낮춰 사용하는 것이 좋다는 것이다.

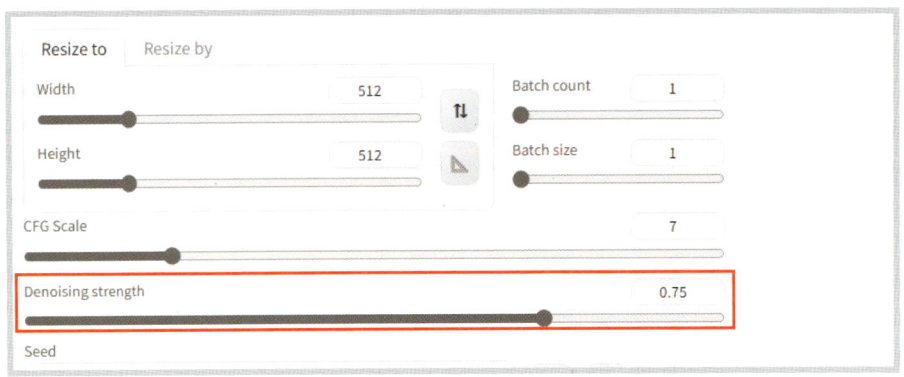

'Denoising strength'의 값을 높이면 인공지능의 상상력이 더 많이 개입되어 원본과 아주 다른 이미지가 나오게 된다. 따라서 원본 이미지를 최대한 보존하면서 색상이나 재질 등만 정교하게 다듬고 싶다면 이 값을 낮춰야 한다. 이 역시 다양한 값을 적용해보고 결과를 비교하면서 사용하기는 해야겠지만, 일단 기본으로 되어 있는 '0.75'보다는 낮은 것이 좋다. '0.1'로 변경하여 이미지 생성을 시도하고, '0.2', '0.3' 등으로 값을 변경해 가면서 시도한다. 경우에 따라서는 처음 이미지를 생성할 때 base 모델보다 refiner 모델을 사용하면 더 좋은 결과물을 얻을 수 있기도 하다.

다음 예시 이미지를 보자.

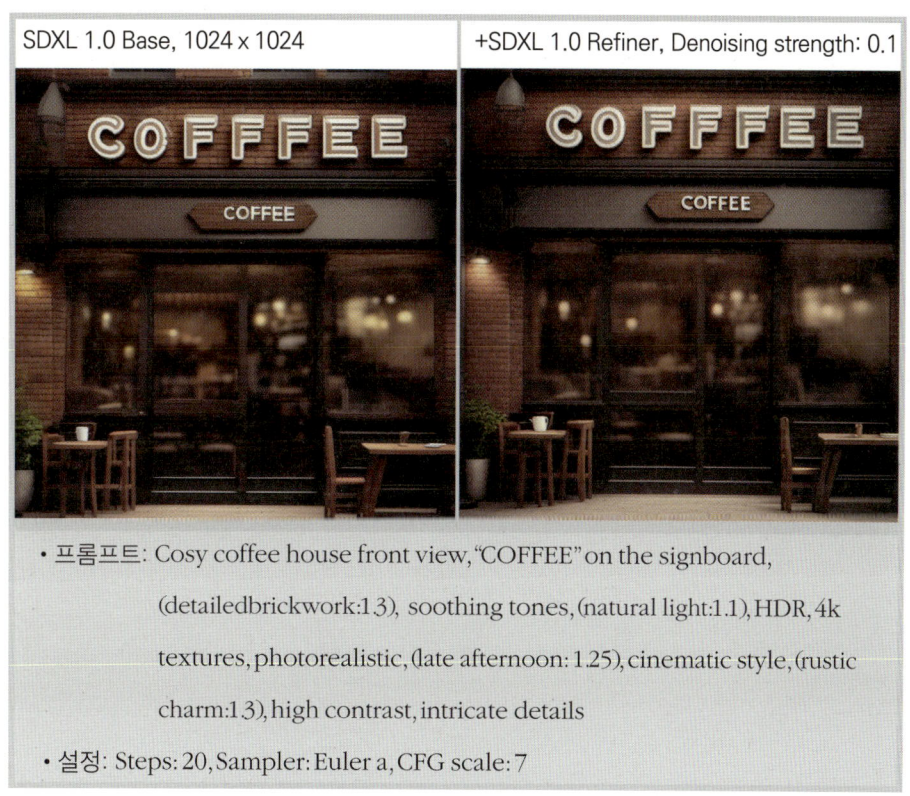

- 프롬프트: Cosy coffee house front view, "COFFEE" on the signboard, (detailedbrickwork:1.3), soothing tones, (natural light:1.1), HDR, 4k textures, photorealistic, (late afternoon: 1.25), cinematic style, (rustic charm:1.3), high contrast, intricate details
- 설정: Steps: 20, Sampler: Euler a, CFG scale: 7

새로운 SDXL은 기존 모델보다 프롬프트를 이해하는 기능이 더 좋아졌다. 부정 프롬프트도 덜 사용하거나 사용하지 않아도 더 좋은 결과를 만들어준다. 그러나 무엇보다 좋아진 점은 화질이다. 제조사에서는 이에 더해 손과 같이 이전 버전에서 구현이 어색했던 신체 부위도 잘 구현된다는 것을 주요 특징으로 강조하고 있다.

그러나 직접 사용해보면 알겠지만, 신체 부위 표현과 텍스트 구현 능력은 전보다 조금 나아진 수준이지 원활하게 사용할 수 있을 정도로 완벽하게 개선되었다고 볼 수 없다. 또한 컨트롤넷 등 기존에 사용하던 각종 확장은 거의 호환되지 않는다. 앞으로 버전이 높아지면서 점진적으로 개선이 될 것으로 기대할 뿐이다. 단순한 이미지 생성 절차만 놓고 비교해 보면 기존 버전보다 우수하지만, 전반적으로 보면 아직 갈 길이 멀다고 하는 평가가 많다.

마지막으로 예시 이미지들을 살펴보자.

- 프롬프트: a woman in a park, walking her small fluffy dog, summer daylight, (rich green foliage:1.5), hdr, intricate details, ((peaceful atmosphere:1.2)), (soft light:1.2), (casual wear:1.15)
- 설정: Steps: 20, Sampler: Euler a, CFG scale: 7

▼ SDXL 1.0 Base, 1024 x 1024

▼ Realistic Vision V50, 512 x 512

- 프롬프트: dynamic tiger, tropical jungle setting, (vibrant colors:1.2), (nature textures:1.3), HDR, (dramatic shadows:1.2), (intricate fur details:1.2), cinematic composition, (immersive atmosphere:1.3)
- 설정: Steps: 24, Sampler: DPM++ SDE Karras, CFG scale: 7

맺음말을 대신하여: 생성형 인공지능 모델의 한계와 주의점

지금까지 생성형 인공지능으로 그림을 그리는 스테이블 디퓨전의 사용법에 관해 알아보았다. 생성형 인공지능의 가장 중요한 특징은 같은 입력에 항상 같은 결과를 보장하지 않는다는 것이다. 심지어 수학 문제의 경우도 어떤 때는 맞는 답을 냈다고 또 어떤 때는 틀린 답을 내기도 한다. 엄밀하게 얘기하자면 답은 내놓은 중간 과정을 매번 다르게 한다. 그래서 생성형이라는 이름이 붙은 것이다.

따라서 생성형 인공지능의 하나인 스테이블 디퓨전도 그런 특성이 있을 수밖에 없다. 내가 머릿속에 구상한 이미지가 100% 구현되기는 불가능에 가깝다. 어느 정도 타협할 수 있는 마음의 여유를 가지고 작업을 해야 하고, 인공지능의 상상력에 어느 정도 자율권을 부여하는 일이 필요하다. 이미지 구석구석 모든 부분까지 완벽하게 제어하고 구성하고 싶다면 이미지 편집 전문 프로그램을 추가로 사용하는 단계를 거쳐야 한다는 사실을 잘 알고, 최적의 결과물을 얻기 위해서는 아직 100% 인공지능 프로그램에 의존하기보다는 내가 하는 일에 전문가 수준의 조수를 두고 일정 수준의 도움을 받는 것으로 생각하면 좋겠다.

스테이블 디퓨전을 활용할 때 꼭 알아두어야 할 것들을 정리하는 것으로 맺음말을 대신하려 한다. 찬찬히 읽어보고 자신에게 맞는 활용법을 익혀 일상과 업무에서 잘 활용하기를 바란다.

1. 생성 모델을 선택할 때, 그림과 같은 애니메이션 스타일이 필요한지, 사진과 같은 실사 스타일이 필요한지에 따라 적절한 모델을 선택한다.
2. 프롬프트는 항상 영어로 작성하고, 문장형이 아니라 필요한 명사(구), 형용사(구), 부사(구)를 연결해 나열하는 방식을 취한다.

3. 프롬프트에 단어를 나열할 때 상충되는 표현, 반대말 등이 동시에 입력되지 않도록 한다.
4. 확장을 많이 설치하면 설치할수록 오류가 나타날 가능성이 커지므로, 정말 필요한 확장만 최소한으로 설치하여 사용한다.
5. 현재 프로그램 폴더를 따로 저장하기 등의 방법으로 수시로 백업하고, 기회가 되면 새롭게 설치해 사용하는 것이 좋다.
6. 생성된 이미지가 쌓일수록 저장 공간이 부족할 수 있으므로, 필요 없는 결과물들은 수시로 삭제하는 한편, 자신만의 파일 및 폴더 관리 방법을 만들어 생성된 이미지들을 체계적으로 관리하도록 한다.
7. 사용하는 모델이나 참조하는 이미지의 사용 권한을 제대로 확인한다. 특히, 유명인의 사진 등을 사용하는 경우 문제가 될 수도 있으므로 주의한다.
8. 생성형 인공지능 서비스를 이용해 만들어 낸 인물 이미지에서 가장 큰 문제이면서 아직까지 해결이 힘든 것 중 하나가 바로 손, 손가락, 팔, 다리, 발을 표현하는 것이다. 이목구비를 정교하게 표현하는 것도 쉬운 일이 아니지만, 손가락만 하더라도 제대로 구현되지 않는다고 봐야 한다. 이런 점을 충분히 고려하여 프롬프트를 작성하고, 인페인팅 작업으로 보완하는 등의 추가 작업이 필요하다. 이때에도 완벽하게 만드는 방식이 있다기보다는 깔끔한 결과를 얻을 때까지 생성 작업을 반복한다.
9. 장시간 작업을 하면 프로그램이 느려지거나 멈출 수 있으므로, 서너 시간 연속 작업을 한 후하면 PC 자체를 재시작하여 사용한다.
10. 프로그램의 각종 메뉴가 영어로 되어 있어서, 이를 한국어로 바꾸는 확장을 사용하는 경우가 있는데, 될 수 있으면 영어 그대로 사용한다. 사용자 인터페이스에 사용하는 단어들이 짧고 단순한 것들이 많기는 하지만, 한국어로 번역해도 외래어를 그대로 사용하거나, 그 의미가 와닿지 않는 경우가 많다. 무엇보다 한국어 적용 확장은 기본 메뉴 체계에 덮어씌워 사용하는 방식이라 프로그램이 조

금만 업데이트되어도 번역 구조가 크게 흐트러지고, 심한 경우 오작동을 일으켜 이전으로 돌릴 수 없게 된다. 따라서 기본 언어는 영어로 사용하는 것을 권장한다.

11. 자주 사용하는 단어나 표현들은 엑셀 워크시트 등에 정리해 두고 필요할 때 적절하게 조합하여 사용하도록 한다.

12. 이미지는 항상 다르게 생성된다는 점을 명심한다. 나는 이렇게 했더니 양질의 결과가 나왔다고 해도, 다른 사람이 이를 재현하는 것은 쉽지 않다. 이미지를 생성하는 데 필요한 절차는 사실 단순하다. 각종 메뉴나 설정값들의 사용 방법을 간략하게 익히고, 이를 다양하게 적용하면서 이미지 생성을 시도하는 방법밖에 없다.

 참고 자료

참고할 만한 웹사이트, 앱, 서비스를 정리해놓았으니 자신에게 맞는 곳을 찾아 잘 활용하기를 바란다.

추천 웹사이트

• Stable Diffusion XL 1.0 demo

이 사이트(https://stablediffusion.fr/sdxl)에서는 SDXL을 간접적으로 체험할 수 있다. 고품질의 이미지를 만들기 때문에 컴퓨터에 따라 다르겠지만, 낮은 사양에서는 다소 시간이 소요될 수 있다. ❶입력창에 만들고자 하는 이미지의 프롬프트를 넣고 ❷[Run]을 누르면 ❸아래 공간에 해당 그림이 나오는 간단한 방식으로 작동된다.

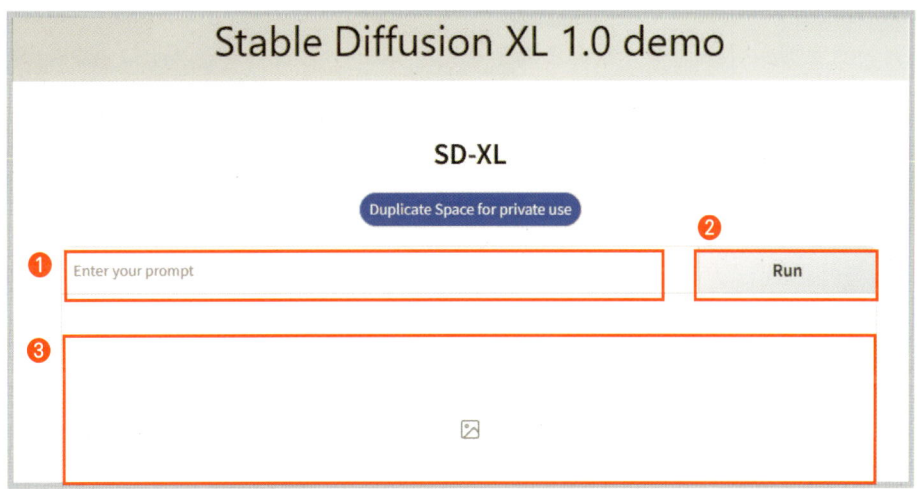

• AI Background Generator

포토룸(https://www.photoroom.com/backgrounds)에서 제공하는 사이트로 배경으로 사용할 이미지를 생성할 수 있다. Stable Diffusion XL 1.0 demo와 같이 맛보기로 사용하기엔 쉽고 편리하다. 스테이블 디퓨전을 기반으로 한다. 검색창에 필요한 프롬프트를 입력하는 간단한 방법으로 쓸 수 있다.

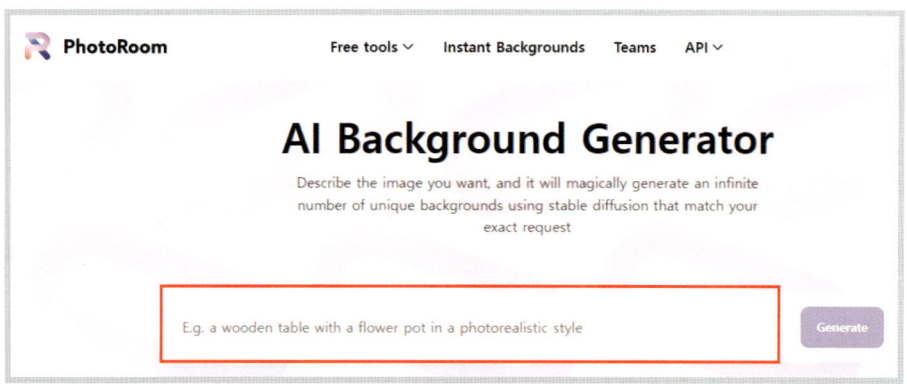

• Stable Diffusion Prompt Book

스테이블 디퓨전 프롬프트 북(https://openart.ai/promptbook)은 스테이블 디퓨전의 프롬프트 작성법을 전자책 형식으로 만들어서 배포한다. 공식적인 매뉴얼이 아니라 해당 사이트의 경험과 노하우를 체계적으로 정리한 자료이다. [Prompt Book]을 누르면 열람할 수 있다.

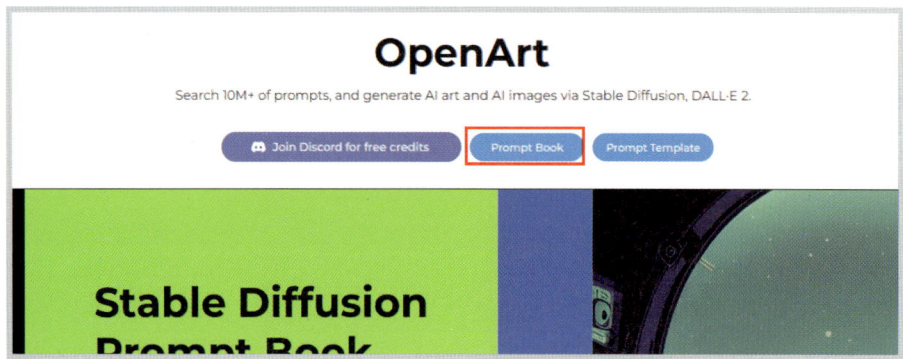

• Lexica

렉시카(https://lexica.art)는 생성형 인공지능 서비스로 만들어진 이미지들을 모아놓은 곳이다. 검색창에 주제를 입력해서 검색하면 관련된 이미지들이 뜬다. 각 이미지를 클릭하면 프롬프트 등 각 이미지 생성에 사용했던 정보를 확인할 수 있다. 프롬프트나 설정값을 참고할 수 있어 유용하다.

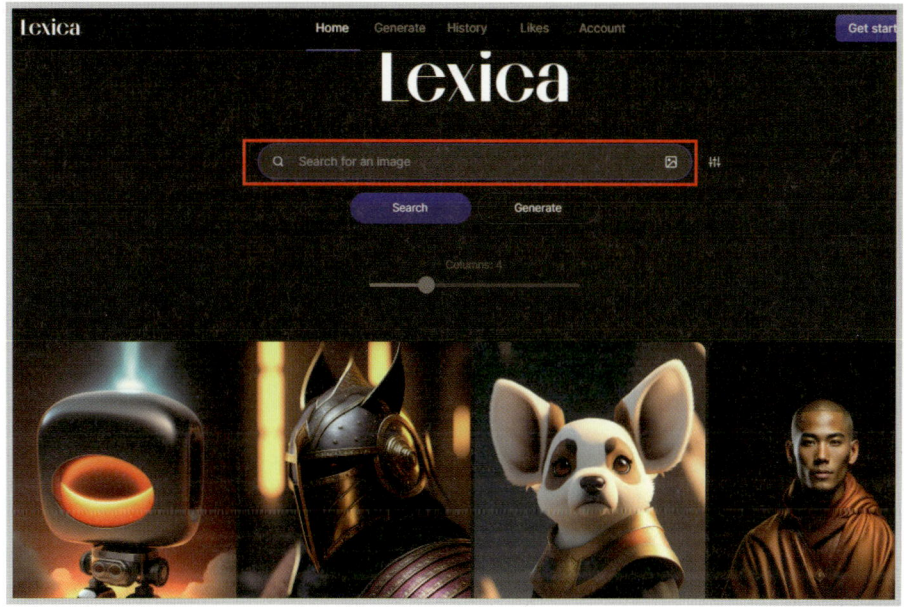

• InstructPix2Pix

이 역시 허깅페이스(https://huggingface.co/spaces/timbrooks/instruct-pix2pix)에서 제공하는 것으로, 스테이블 디퓨전에서 기존 그림을 지정한 방식으로 변환시키는 방법 중 하나인 InstructPix2Pix라는 기능을 사용할 수 있게 하는 웹 서비스이다. 참조로 하는 사진의 인물을 나이 들어 보이게 하거나, 풍경의 계절을 바꿔보는 등의 작업에 편리하다. Stable Diffusion web UI에서도 가능하지만 웹 브라우저에서 시

부록·참고 자료 225

도해볼 수 있게 한 것이다.

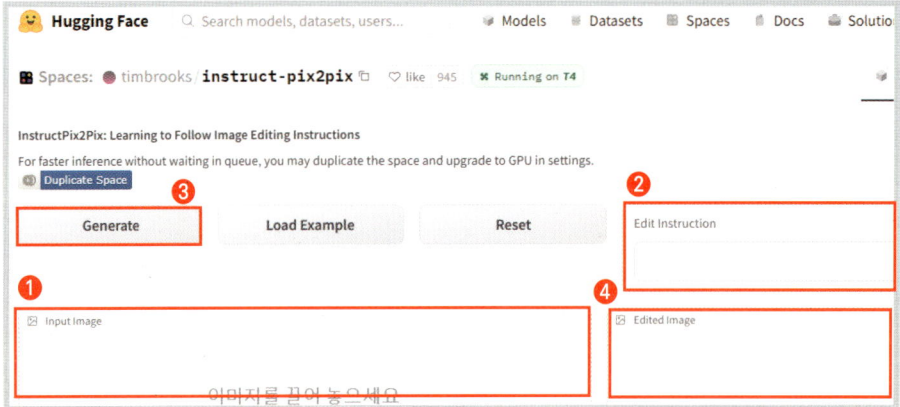

간단하게 설명하면, 먼저 ❶'input image'에 사진을 넣고, ❷'Edit instruction'에 이 사진에서 바꾸고 싶은 부분을 입력한다. 그다음 ❸[Generate]를 누르면 오른쪽 ❹'Edited image'에 해당 그림이 뜬다.

• Stable Diffusion Artist Style Studies
이 사이트(https://proximacentaurib.notion.site/e28a4f8d97724f14a784a538b8589e7d?v=ab624266c6a44413b42a6c57a41d828c)에서는 스테이블 디퓨전에서 사용할 수 있는 예술가를 확인할 수 있다. 양질의 결과물을 얻기 위해 프롬프트를 작성할 때 특정 화가 등 예술가의 실명을 입력하면 좋은데, 이 사이트에서 이미 만들어진 그림을 보면서 해당 화풍의 예술가를 찾아볼 수 있고, 내가 알고 있는 예술가가 적용 가능한 상태인지 확인해 볼 수 있다.

웹 페이지가 노션Notion으로 만들어져 있어 URL이 난해하다. 웹 검색을 통해 찾아 보거나 QR 코드를 참고한다.

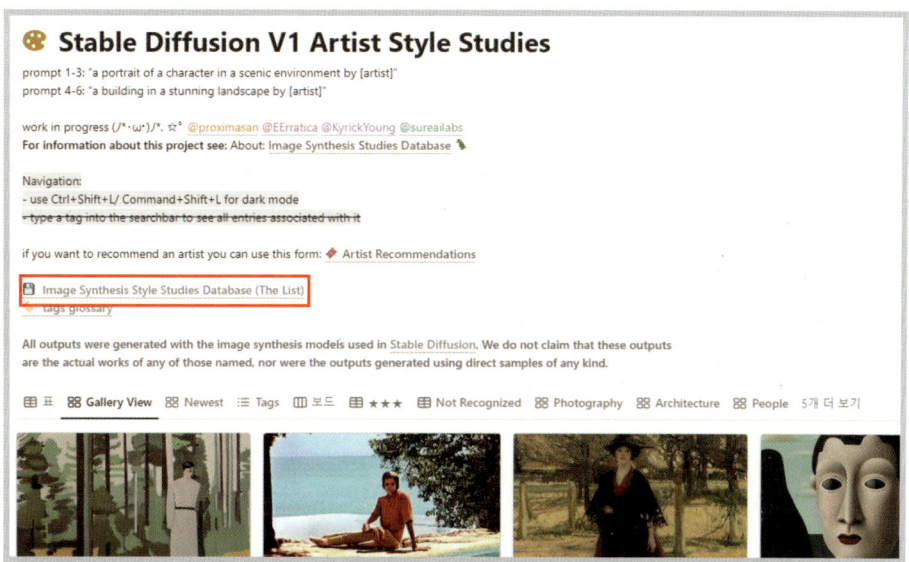

[Images Synthesis Style Studies Database(The List)]을 클릭하면 다음과 같이 프롬프트에 사용할 수 있는 예술가 목록을 확인할 수 있다. 구글 스프레드시트로 거의 3500명에 달하는 전체 명단을 제공하고 있어, 필요하다면 이를 엑셀 파일 등으로 내려받아 사용하면 된다.

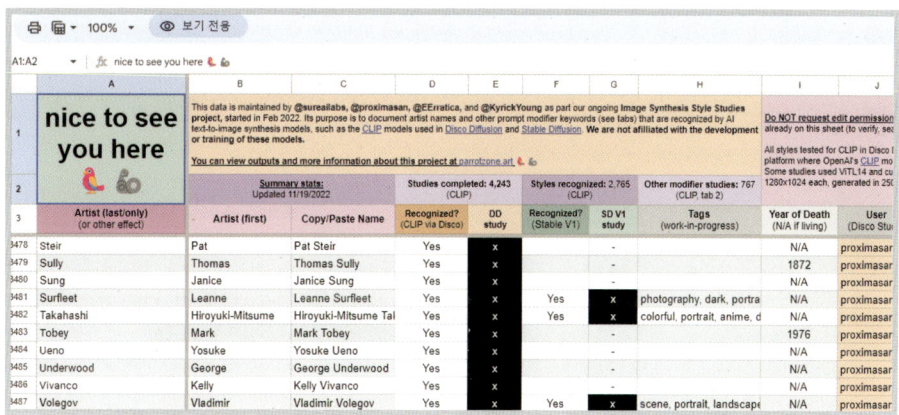

부록 : 참고 자료   227

• Civitai

시빗AI(https://civitai.com)는 미지 생성에 필요한 각종 모델들을 모아 놓은 곳이다. 사용자들이 자발적으로 만든 모델들을 올려 공유한다. 사용법은 104쪽을 참고하자.

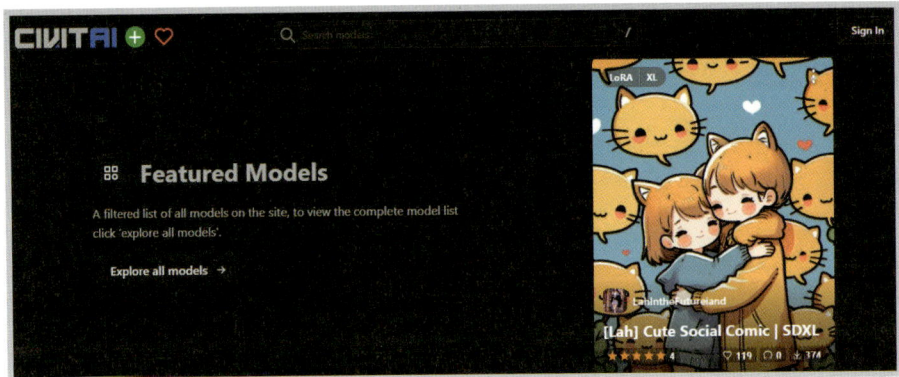

• Img2Prompt

이 사이트(https://www.img2prompt.io)는 이미지를 넣으면 적절한 프롬프트를 만들어준다. Stable Diffusion web UI에도 있는 기능이지만, 이곳에서는 또 다른 프롬프트를 추정할 수 있다.

❶ 이미지를 그림판에 넣고, ❷ [Try Prompt]를 클릭하면 오른쪽 ❸ 'Predicted prompt'에 해당 그림에 대한 프롬프트가 뜬다.

• PosMaker2
이곳(https://huggingface.co/spaces/jonigata/PoseMaker2)에서는 컨트롤넷의 OpenPose에서 사용할 전처리 이미지를 원하는 자세로 직접 만들 수 있는 서비스이다. 이곳에서 원하는 자세를 표현한 이미지를 만들어 web UI에서 사용하면 된다.

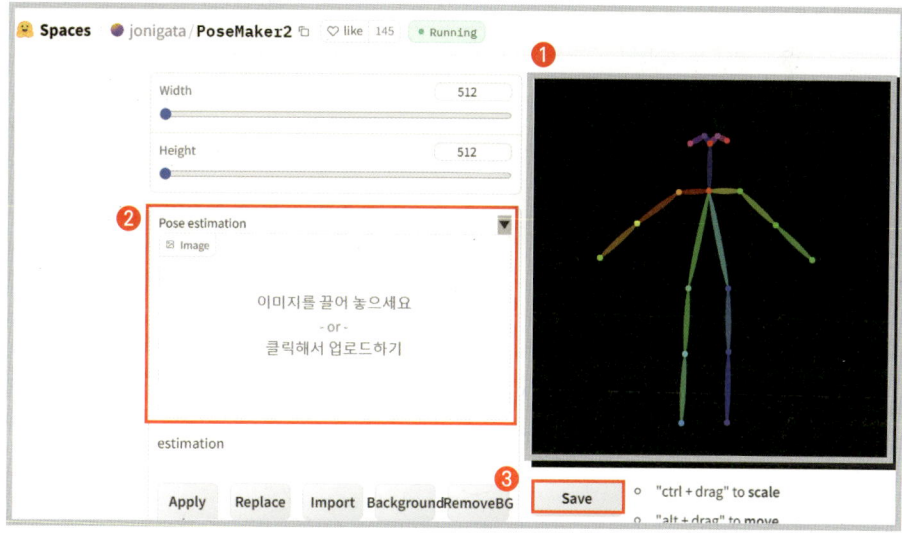

❶ 주어진 전처리 이미지를 마우스로 드래그하여 자세를 만들 수 있고, 왼쪽 ❷ 'Pose estimation'에 그림을 넣어서 포즈를 생성할 수도 있다. ❸ [Save]를 눌러 저장해 사용하면 된다.

• Prompt Search
프롬프트 서치(https://www.ptsearch.info)는 이미 만들어진 이미지가 어떤 프롬프트와 설정값으로 구성되어 있는지 볼 수 있게 여러 이미지들을 모아 놓은 곳이다. 각 이미지를 클릭하면 프롬프트와 설정값을 확인할 수 있다.

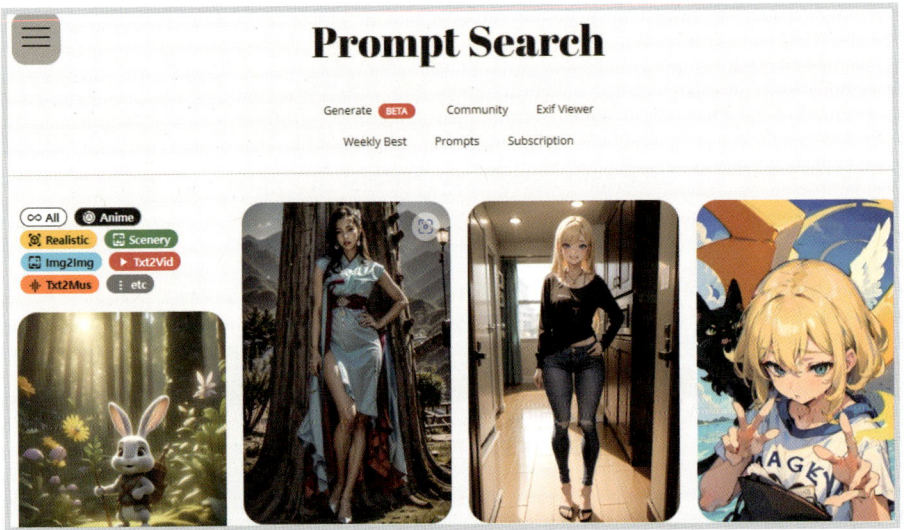

• Word to Use

이 사이트(https://www.words-to-use.com/)에서는 프롬프트 작성에 필요한 단어를 유형별, 주제별로 찾아볼 수 있다. 상황, 느낌 등을 그럴듯하게 표현할 수 있는 영어 단어를 찾을 때 참고할 수 있다.

AI 이미지 생성 기능을 탑재한 앱과 서비스

대화나 이미지 생성 분야 등 생성형 인공지능이 소개된 후 급격하게 인기를 끌고 보급이 되면서 설치형이든 웹 서비스형이든 많은 애플리케이션에서 이 기능을 탑재해 자체 능력을 보완하고 있다. 이 중 몇 가지만 살펴보자.

• Canva

캔바(https://www.canva.com)는 주로 프레젠테이션 자료나, 포스터, 문서 등에 사용하는 시각 자료를 만들 때 사용하는 그래픽 디자인 소프트웨어로, 웹 브라우저로 사용하는 일종의 클라우드 서비스이다. 구독제로 운영하는 유료 버전도 있으나 무료로도 꽤 많은 기능을 제공한다. 다음은 무료 버전의 메인 화면이다.

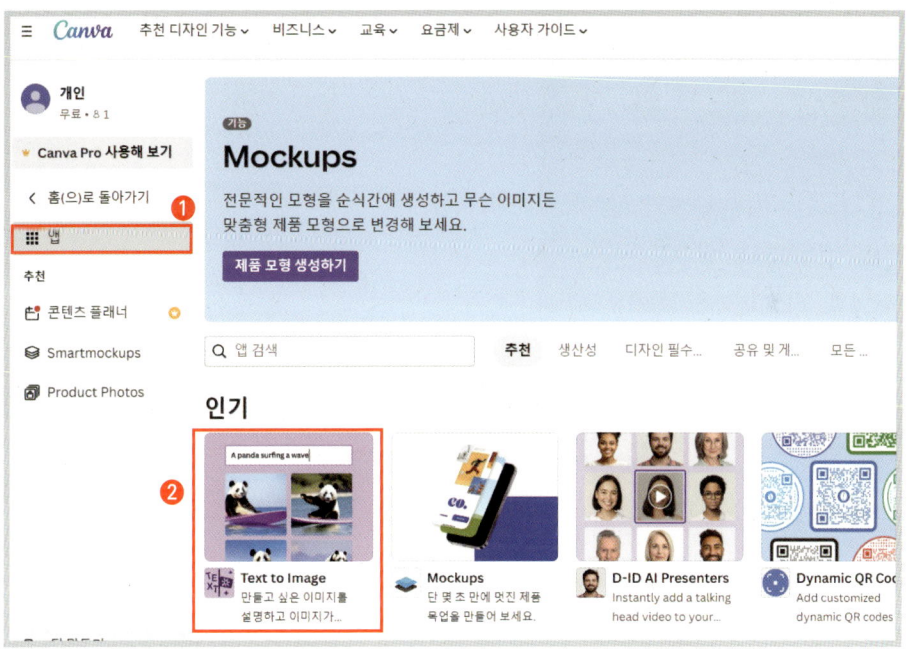

❶ [앱]메뉴로 들어가서 ❷ [Text to Image]를 클릭한다. 만들고자 하는 이미지의 크

기 등 몇 가지 옵션을 설정하면 다음과 같은 화면이 뜬다.

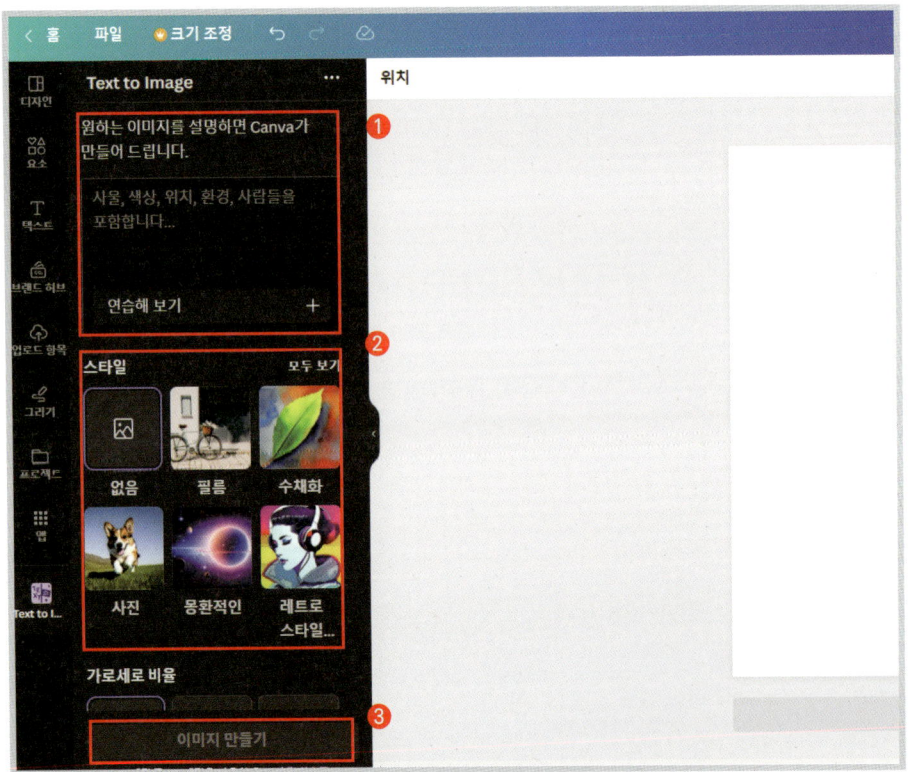

❶ 입력창에 프롬프트를 적고, ❷ 스타일에서 만들고 싶은 이미지의 스타일(사진, 수채화, 필름 등)을 클릭한 후 ❸ [이미지 만들기]를 클릭하면 4장의 결과물을 보여준다.

참고로, 프롬프트는 한국어도 입력이 가능하고 결과물이 나오기는 하지만, 내용이 전혀 반영되지 않는다. 그래서 영어로만 써야 한다.

• MS Designer

MS 디자이너(https://designer.microsoft.com/)는 마이크로소프트 Microsoft 에서 제

공하는 시각 디자인용 웹 서비스이다. 현재는 Preview 단계로 테스트 형태로 제공하고 있고, 마이크로소프트 계정이 있으면 사용할 수 있다. Canva와 유사한 기능을 제공한다고 보면 된다.

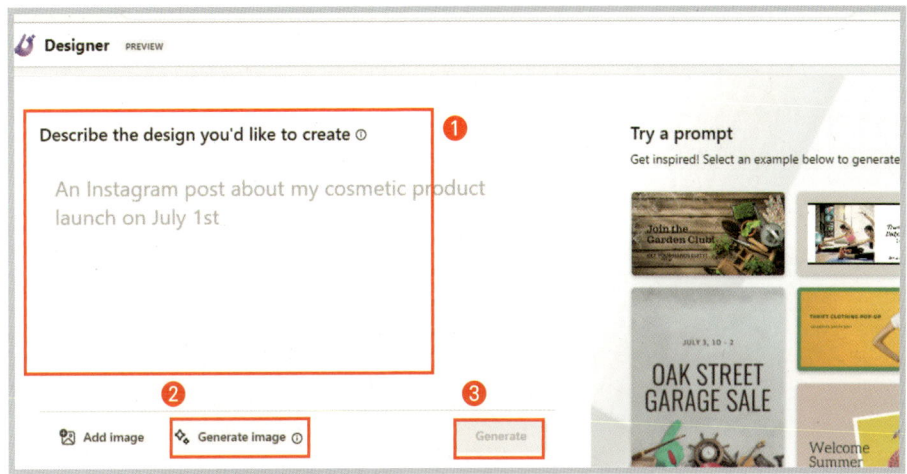

❶ 입력창에 설명형으로 프롬프트를 입력한다. 이미지에 관한 설명도 괜찮지만, 이미지의 용도를 지정하면 더 효과적이다. ❷ [Generate image]를 누르면 생성된다. 여기에서 생성형 인공지능과 같은 기능을 사용하기 위해서는 프롬프트 하단의 ❸ [Generate] 메뉴를 선택한다.

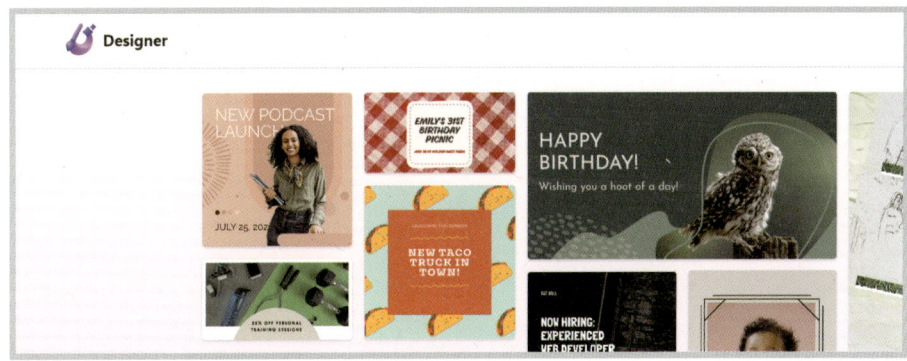

부록: 참고 자료 233

MS 디자이너의 독특한 점은, 위 예시 화면의 이미지들과 같이 프롬프트를 참고하여 출력된 이미지에 적절한 텍스트를 넣어준다는 점이다. 파워포인트에서 슬라이드 디자이너를 사용하는 것과 비슷하게 생각하면 된다. 한국어로도 프롬프트를 입력할 수 있고 이미지에 한국어 텍스트가 삽입되기는 하지만 이미지가 프롬프트와 어울리지 않을 수 있어 영어로 작성해 사용하는 게 좋다.

• Adobe Photoshop

어도비 포토샵은 이미지 편집 분야에서는 거의 대명사로 불릴 만큼 유명한 소프트웨어이다. 이 사이트에는 이미 인공지능 알고리즘을 이용한 몇 가지 기능이 탑재되어 있었으나, 생성형 인공지능 서비스의 인기가 폭발하고 있는 시점에서 '생성형 채우기 Generative Fill'라는 기능을 추가했다. 현재는 베타 버전 형식으로 제공되고 있는데, 이미지 내용을 바꾸거나 사라지게 할 수 있고 배경을 더 확장하여 없는 부분을 생성할 수도 있다.

   기능도 많고 좋은 프로그램이기는 하지만, 관련 분야 전문가가 아니면 사용이 어렵다. 프로그램 자체가 무겁기도 하고 무엇보다 유료 버전이라는 한계가 있다.

• Photopea

포토피(https://www.photopea.com)는 웹 브라우저로 사용하는 온라인 이미지 편집 프로그램이다. 어도비 포토샵을 구독하기에는 이미지 편집을 가끔 또는 제한적인 용도로만 사용해 부담이 된다면 좋은 대안이 될 수 있다. 생성형 인공지능을 이용한 기능이 추가되어 더 편리하게 쓸 수 있다.

메인 화면에 사진을 가져와서 작업을 하면 된다. ❶파일 찾기 또는 ❷이미지창에 드래그를 해서 가져온다. 예시로 'Magic Replace'라는 기능을 알아보자. 스테이블 디퓨전의 인페인팅, 아웃페인팅과 비슷한 기능으로, 원하는 부분을 없애거나, 프롬프트를 이용해 다른 것으로 바꿔 채울 수 있다

위 화면에서 새 부분을 선택하면 아래와 같이 새가 없어진 것을 볼 수 있다.

포토피는 Stable Diffusion web UI에 확장으로 설치해 사용할 수도 있다. 깃허브 페이지 주소(https://github.com/yankooliveira/sd-webui-photopea-embed)를 복사해 설치하면 된다.

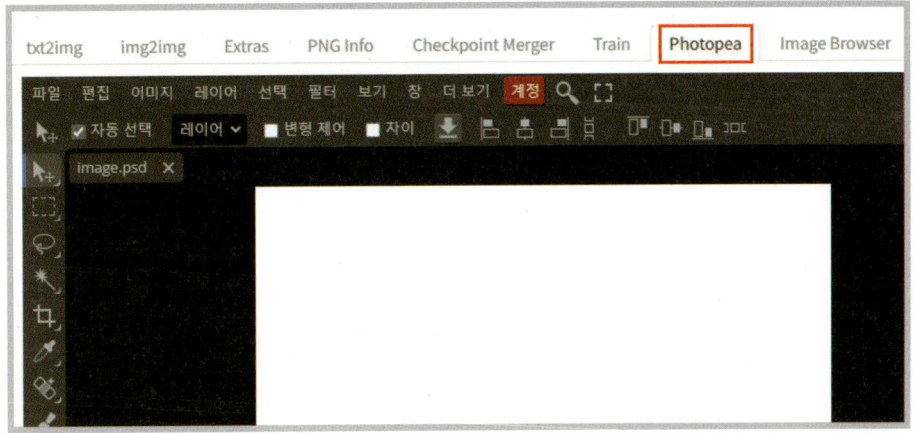

이 확장을 설치하면 web UI 메인 화면에 [Photopea] 탭이 추가된다. 이 탭을 선택하면 txt2img나 img2img의 작업창과 결과창에서 이미지를 왔다갔다할 수 있다. web UI에서 생성한 이미지를 그대로 활용하는 경우도 많지만, 다른 용도로 활용하기 전에 다른 이미지 에디터 등을 이용해 보완하는 일이 잦다면, 이 확장을 설치해 보는 것도 좋다.

• Scribbler - draw beautiful art

화면에 손가락이나 펜슬로 적당하게 스케치하면 이를 바탕으로 이미지를 생성하는 앱이다. 아이폰과 아이패드에서 사용할 수 있다. 애플 스토어에서 'Scribbler - draw beautiful art'를 검색해 다운로드하면 되며 역시 무료로 사용할 수 있다.

다음 예시와 같이 빈 화면에 그림을 그리면 자동으로 이미지를 생성해준다. 스케치한 원본과 생성된 이미지 모두 앨범 앱에 자동으로 저장된다. 단순한 기능을 제공하지만, 활용도가 높다. 처음에 그림은 대충 그려도 되지만, 윤곽과 비율은 적절하게 맞추는 것이 좋다.

• Draw Things: AI Generation

생성 모델을 저장하여 선택하고, 프롬프트를 작성하는 등 Stable Diffusion 방식을 그대로 사용하는 앱이다. Mac, 아이폰, 아이패드를 모두 지원한다. 애플 스토어에서 'Draw Things: AI Generation'을 검색해 다운로드하면 되며 무료로 사용할 수 있다.

스테이블 디퓨전 마스터북

초판 1쇄 발행 | 2023년 9월 15일

지은이 | 박철우
펴낸이 | 이은성
편 집 | 김하종, 구윤희
디자인 | 김경희
펴낸곳 | *e*비즈북스

주 소 | 서울시 종로구 창덕궁길 29-38, 4-5층
전 화 | (02)883-9774
팩 스 | (02)883-3496
이메일 | ebizbooks@naver.com
등록번호 | 제2021-000133호

ISBN 979-11-5783-307-8 03000

*e*비즈북스는 푸른커뮤니케이션의 출판 브랜드입니다.